もしあなたが、今、
人間関係に悩んでいるなら、
この本がきっと役に立ちます。

JN137061

私たちは、みんな、
人間関係にストレスを感じ過ぎ。

人間関係は「相性」ですから、
そもそも、うまくいかなくても当然なのです。
相性のよい人とつながり、
相性がよくない人とは適度な距離を置く。
これができれば、ストレスは限りなくゼロになります。

私たちは、みんな、困った人たちに振り回され過ぎ。

他者から搾取しようとする人や、
約束を守らない人、人の悪口を言う人など、
あなたを困らせる「困った人」とうまくやろうなんて、
思わなくていいのです。
「困った人だ」と気づいたらサラッと離れる。
そうすると、私たちの人生の幸福度は爆発的にアップします。

私たちは、みんな、好かれようとして無理をし過ぎ。

すべての人から好かれようとすることはさっさと諦めましょう。
好かれたいからといって自分を犠牲にして尽くすのをやめる。
そのルールの上で、すべての人に思いやりを持つこと。
傾聴する、悪口を言わない、約束を守る。
それだけで、好感度は簡単に上がるものです。

私たちは、みんな、人間関係にコストをかけ過ぎ。

私たちはこれまで、あらゆる人間関係に対して頑張り過ぎてきました。嫌いな人の機嫌を取ったり苦手な人から搾取され続けたりするのはもうやめましょう。代わりに、自分自身や、関わりたい人に、ちゃんと時間と労力をかけましょう。コスパの悪い人間関係から離れれば、ずっと楽になります。

人間関係の「し過ぎ」と「我慢」をやめ、不必要な人間関係とは上手に適度な距離を置く。

実は、これだけで、誰もが、
今よりずっと、楽に生きられるようになります。
「それができれば困ってない」と言われるかもしれません。
では、なぜあなたは、今までそれができなかったのだと思いますか。
それは、正しい人間関係の構築方法を、習ってこなかったからです。
人間関係のうまい下手は、天性のものや性格ではなく、「スキル」です。
学んで、実行すればいいだけ。

もう人間関係に悩みたくないあなたがこれからやるべきことは、たった2つだけです。

まずは、人間関係を「コスパ」で考えること。

次に、人間関係を構築するための「スキル」を身につけること。

さあ、今日から、未来の自分の人間関係を、幸せで軽やかなものに変えていきましょう。

contents
目次

第1部　一気に人間関係の悩みがなくなる基本の考え方

ストレスを溜めない人間関係を生み出す7つの考え方

第2部

人間関係はスキルが9割

「自分を楽に、幸せにする」7つのスキルと磨き方

contents

目次

第3部
人生戦略としての人間関係
人づきあいも投資。幸福は複利で増えていく

はじめに

なぜあなたはコミュニケーションにストレスを感じるのか

人間関係に悩む本当の理由

この本を手に取ったあなたは今、人間関係に悩みを抱え、ストレスを感じているのではないでしょうか。

私たちは、小さいころから「人に対して好き嫌いをしてはいけません」「誰とでも仲よくしましょう」と言われて育ってきました。

そして、何かトラブルが起きたときは、相手を責める前に、「まず自分が悪いのではないか」と考え、自分を人に合わせて改善するスキルを身につけてきたのではないでしょうか。

その結果、私たちは、不快に思っている相手に対して「嫌だ」と言う権利があることを知らないまま大人になり、自分が嫌な目に遭っているにもかかわらず、相手を嫌いにならないように努力し続けてきたわけです。

そして、相手が明らかに自分の時間や能力を搾取していたとしても、怒ってやめさせるようなことはせず、我慢した結果、嫌な人と関わり続け、人間関係に悩み続けているのです。

コミュニケーションがうまく取れないから、自分の人間関係がうまくいっていないと思っている人が少なくありませんが、本当に問題なのは、あなた自身が、その人間関係に対してストレスを感じ続けているということです。

「人間関係はうまくいかないこともある」と割り切れている人は、ストレスを感じにくく、うまくいかないものについては見切りをつけて、次の関係性を構築していけますが、多くの人は、自分が一度関わった関係性に対して、「よい関係性を築かなくてはならない」と思いがちです。

「自分で自分に課している、しなくてもいい我慢の連続」

これが、人間関係に悩み続ける本当の理由なのです。

人間関係を構築するとき、私たちは少なからず自分自身をコントロールする必要があります。そこに必要なのは、自分の感情を無理やり抑え込む我慢ではなく、自分と相手との関係性や距離感のコントロールだけでいいのです。

人間関係の問題のほとんどは、関係性の距離感と関わりの頻度をコントロールするだけでうまくいきます。

自分だけのせいではないと気づくと楽になる

私たちは、人間関係の中で問題が起きると、「あのとき自分があんなことを言ったからかもしれない」「もしかしたら事前に防げたかもしれないのにやらなかった」などと、どうしても自分に100％の責任があるのではないかと思いがちです。

その結果、自分を強く責めたり、自分を変えようとしてしまったりするのですが、実際は、必ずしも自分に非があるとは限りません。

人間関係の問題は、ほとんどの場合、相性の問題です。

だからこそ、相手が悪い、こちらが悪い、ということを議論することに意味はありません。

被害者意識や罪悪感を持ってストレスを溜めるよりも、「相性が悪い人間関係にはあまり深入りしない」と決めてしまうことが大事なのです。

相手と自分の人生をきちんと線引きし、**どういう状況であっても「自分の人生を大切にできるか。自分が安心して過ごせるか」に焦点を当てる**のです。

これが人間関係におけるストレスマネジメントです。

よい環境の中に自分を存在させることができれば、自分の実力や真価を発揮することができるようになりますが、真価を発揮できない環境にある人間関係であると当然ストレスが溜まります。

実は、**世の中は私たちが思っているよりもずっと柔軟で、かなり広範囲でコントロールできる**のですが、多くの人は、世の中は固定的で、人間関係の悩みからは逃れられないと思っています。

なぜそう思ってしまうのかというと、理由は明白で、「そのように習ってきたから」です。

世の中というのは「世の中がコチコチだ」と思っている人にとっては固定的に見えて、「世の中はしなやかだ」と思っている人にとってはしなやかに見えます。

つまり、自分自身の考え方や、自分が世界をどう見るかという「マインドセット」に大きく左右されているのです。

ある意味、人間社会というのは、私たち人間が設計し、運営しているので、この「人間が決めていること」については根本的に変えられないことなど実はほとんどありません。

もちろん、相手を変えようとするのは不毛なことではありますが、自分の考えや行動を変えることによって多くの問題を解決することができます。では、なぜ私たちが自分の人生をコントロールすることを放棄してしまうのかというと、「その方がずっと楽」だからです。

人生全体をコントロールする技術を磨くのであれば、まず、コミュニケーション能力を磨く必要があります。なぜなら、人間関係でも仕事関係でも、人生全般において、周囲とのコミュニケーションは必ず発生するからです。

コミュニケーションは練習すれば上達する

私は、現在、主宰する勝間塾や講演などのなかで、コミュニケーション術についてお伝えすることが多くありますが、30代ごろまでは、常にコミュニケーションについて悩み、困ってきました。

大学附属の私立の中学、高校に通っていたこともあり、その学校の価値観の中だけで生活し、内輪のコミュニケーションしか経験してこなかった私にとって、社会に出てから突然必要となった「自分と違う文化圏の人とのコミュニケーション」は、非常に困難なものでした。

もともとが不器用で、人見知りですから、世代が違う人やそもそも考え方が合わない人、誰とでもうまくつきあいたいと思うが故に、傷つき、悩み、落ち込みました。

そんな中、私にコミュニケーションの基本を教えてくれたのは、当時マッキンゼーの採用担当者だった伊賀泰代さんでした。伊賀さんは、私の採用を決めた際に、面接時に、確かに話はおもしろいけれども、あまりにも話が飛んでいて、自分のイメージで話し続けるので、コミュニケーションで苦労することがわかっていて、サポートすると決めていたそうです。実際に、入社後には、私の髪型や服装などがまったくコンサルタントらしくなかったこともあり、「なんか変な子が入ってきた」と噂になったようです。

あるとき、伊賀さんの提案で、私が社内でアンケートを取り、「なぜ、勝間の話はわかりづらいのか」を、データとしてまとめてみることにしました。同僚に協力してもらって匿名のアンケートを回収したところ、そこには「話が唐突である」というようなことが書かれていたのです。私は、そこではじめて、「自分が理解していることの延長で話をするから、相手には唐突に感じるのだ」と気づいて目から鱗が落ちました。

同時に、コミュニケーションとはデータを分析して改善していく「スキル」だと気づき、早速、相手の理解度に合わせてキャリブレーションして話すスキルを身につけていきました。

コミュニケーションはスキルです。
誰にでも、いつからでも、磨くことができます。

「私は人見知りで」とか、「なぜか人をイラつかせてしまう」という人も、安心してください。人間関係がうまくいっている人のすべてが「コミュ強」ではありませんし、人間関係のトラブルは誰にでもあって当然のことです。

多かれ少なかれ、人には得意不得意があり、性格も違い、凸凹があります。

勉強と同じで、自分の性格や特性に合ったコミュニケーションスキルを少しずつ磨き、困った人と関わらないように練習することで、誰でも、自分なりのコミュニケーション術にたどり着くことができます。

私自身、HSP(ハイリー・センシティブ・パーソン＝刺激に敏感に反応する気質)の要素を持っていると自覚していますし、以前、精神科医の岩波明先生との対談を通じて、日常生活には投薬がなくても支障がない程度の軽度のADHD(注意欠如・多動症)の診断を受けたこともあります。毎日コツコツとコミュニケーションスキルを磨いてきた結果、人間関係で苦しむことはほとんどなくなりました。

自分の力で人間関係をコントロールする

私たちは、何かめんどうくさいことがあると、自分の力でコントロールするよりも、それを回避したり、見て見ぬふりをしたり、いったん保留したりしてしまいがちです。

これは、他者に自分の人生の裁量権を渡してしまった状態で、非常にコスパが悪い状態です。

保留にした問題は少しずつ大きくなっていき、向き合わざるを得なくなったときには、すでに手に負えない状態になっていることもあります。

長いこと自分を疲弊させる人間関係を抱え続けてきたことによって、よりよいコミュニケーションを構築するための時間や労力、気力が湧いてこなくなることもあります。

多くの人は、こうして嫌な人や困った人に対する対応を保留にし続けた結果、非常に複雑で困難な関係性を抱えているのではないでしょうか。

今から始めても決して遅くはありません。

すでに今凝り固まった人間関係の渦中にいる人も、この瞬間から、一つひとつの人間関係を、丁寧に判断し、必要のない関係性からは、上手に距離を取る方法を学んでいきましょう。

これは、**コミュニケーションにおけるコスト削減**であり、軽やかな人間関係を生み出すための必須項目です。

まずは、今自分が抱えているコスパの悪い人間関係を整理することから始めましょう。

次に、人間関係に対して自分の力でコントロールできることを増やしていきましょう。コントロールの技術を習得するためには、学習と実践を繰り返し、少しずつ成熟させていく必要があります。

そして、新たな人脈を生み出し、できるだけ「困った人」と関わらずに軽やかに生きていくことで、人と関わるストレスから解放されるはずです。

本書では、コミュニケーションが下手で、人間関係に悩み続けた私が20年かけて構築し、実践してきた、「困った人を見分けて距離を取る方法」や「自分の考えを相手に伝える技術」など、コミュニケーションについての知識やスキルアップの方法をお伝えしていきます。

では、さっそくはじめましょう。

第1部

一気に人間関係の悩みがなくなる基本の考え方

ストレスを溜めない人間関係を生み出す7つの考え方

その1

人間関係は、「ある程度」公平であればいい。「完璧」ではなく「ある程度」が大事。

健全な人間関係とは「ある程度公平」であること

人は社会の中で、自分の役割や関係性を持つことで生きていける「動物」です。

誰もがひとりだけで、または、少人数の中だけで生きていくことを前提としていないこと、それが、人間と人間以外の動物との最大の違いでもあります。

だからこそ、自分の役割や居場所、扱われ方が、私たちの心身の健康に大きな影響を与えるのです。

そして、私たち一人ひとりには立場や考え方があり、それぞれに役割や居場所が必要です。

現在は多様性の時代といわれていますが、この時代に**私たちが心身の健康を保つためには、「ある程度の公平性」が重要**です。多様性があるからこそ、公平に扱われているという気持ちをお互いに感じられる関係性でない限り、よい関係は築けません。

なくなってきています。

人間関係の健全性が失われると「もの」に依存し始める

会社などの組織においても、一方的に命令して相手を従わせるようなやり方は通用しなくなってきています。

会社組織において、上司、部下はあくまでも役割です。立場の違いはあっても、最もいい方法を議論しながら見つけるような関係性があれば、互いに気持ちよく過ごすことができ、パフォーマンスも上がります。

逆に、人間関係で過度な我慢を続けていると少しずつストレスが溜まります。そうすると、人は、ストレス解消のために「もの」に依存するようになります。人によってその「もの」は違いますが、典型的なのがアルコール、タバコ、ギャンブル、過食、買い物などです。

ものは、人と違って自分を裏切りません。言っても解決しない人間関係より、缶チューハイなど1本飲めば快感を得ることができますし、高価なブランドものはお金を出せば必ず手に入る――。そんな、より安易な解決方法へ走ってしまうわけです。

つながるのにふさわしい相手として選ばれる

自分のストレスの発散方法が、すでに依存的になっていると感じたら、「健全な人間関係をどう生み出すか」について考えてみましょう。

健全な人間関係を生み出す方法は実は非常にシンプルです。

それは、私たちが人間関係という市場の中で、相手から、つながるのにふさわしいと思われる人になる、つまり選ばれる人になるということです。

仕事やプライベートで、私たちはさまざまな場所で人に会い、会話をしたり食事をしたり、あるいはプロジェクトなどでチームを組んだり、ゲームをしたり、スポーツをしたりなど、さまざまなふれあいをしています。

これらの**日々のふれあいの中で、「この人とは、つながっていたいな」と思われること。これを繰り返すだけで人間関係は健全なものになっていきます。**

では、どうやったら選ばれる人になれるのかというと、まったく複雑な要素はありません。

人のよさが伝わるような見た目であり、こざっぱりとしていて、周囲に対しての気配りができ、さらに、雑談力があれば十分です。

健全な人間関係の創出、構築、保持は技術

「じゃあ、なぜこれまで私は人から選ばれてこなかったの？」と思う方もいるかもしれませんが、理由は簡単です。「この人とつながっていたいと思われる人でいること」を意識せずに、ただ、目の前の人と関わってきたからです。

本当にそれだけの理由なので、解決法も簡単です。

これからは出会う人に対して、妬みや怒り、愚痴などのネガティブな感情から、自分を引き離して関わっていくだけで、状況はガラリと変わります。

人見知りでも、不器用でも関係ありません。

人の悪口を言わずに約束をしっかり守り、人と会っているときにはホスピタリティを発揮して、どのようにすれば自分と相手が快適に過ごせて、一緒にいる時間が楽しい時間になるかを

考えて接していきます。

雑談などを通じて互いにほどよい情報共有をし、弱みや強みを共有しながら人間関係を築いていきましょう。

これらは、健全な人間関係を構築するための技術です。具体的な方法は第2部でお伝えしますが、これらの一連の技術を積み上げることによって、私たちは人間関係を健全にすることができ、その結果として心身の健康を保つことができるようになるのです。それをまず覚えておいてください。

成功も成長も幸福感も人間関係次第

会社の中のチームでも、その場所でしっかりと自分の力を発揮し、新しい能力を得ていける人というのは、健全な人間関係を築ける人でもあります。

これはプライベートの人間関係でも同じです。

たとえば、「筋トレしよう」と思い立ってスポーツクラブに入会したとして、続きやすいのは、受付の人やインストラクター、あるいはよく会う常連の人などとうまく会話をしたり、人間関係が築けたりする人です。

冒頭でお伝えした通り、人は、組織の中で孤独に耐えて生きていくことが難しい生き物ですから、人間関係を構築することは生き抜くための戦術でもあります。

また、誰でも心身に不調が出ることもありますが、人間関係がある程度充実している人は、すぐに信頼できる人たちに、自分の弱みをさらけ出して相談することができ、解決も早いです。

逆に、人間関係があまりうまくいっていない人というのは不調なことがあっても、自分の内側に抱え込んでしまうため、その問題がどんどん大きくなりやすく、結果、ものに依存してしまったり、病気になったりしてしまう恐れがあります。

ある程度健全な人間関係を保とう

健全な人間関係がもたらすのは、人が無意識に望む理想の生き方そのものです。

人間関係が健全であれば、元気がないときや無理をしているときに、周囲が気づいてサポートしてくれます。職場、趣味の場など、さまざまな居場所を持っていて、さらにそこにいる自分自身の役割や立場が明確です。自分が大切に扱われていると感じられるなかで、自分も周囲を大切にすることができ、最大限のパフォーマンスを発揮することもできるようになります。

人間関係が健全であるということは、実は、心身も健康的でいられるということです。特定の人に対して長いこと我慢をし、恨みを抱くような環境の中にありながら、「健康的な生活を送りたい」とか、「仕事で活躍したい」と思っても、必ず歪みが出てきてしまいます。

もし、そのような状況のなかにいるのだとしたら、あなたは、今こそ、全力を尽くしてその問題解決をしていく必要があります。

もちろん、**完璧な人間関係を目指す必要などはありません。「ある程度」公平で、「ある程度」健全であることを自分なりに目指していけばいい**のです。

その2

「思ったことは何でも、正直に伝えた方がいい」には落とし穴がある。使う言葉は丁寧に吟味し選択する。

「正直に伝える」には落とし穴がある

最近の人づきあいの本には、「自分を包み隠さずに自分が思っていることは正直に伝えよう」と書かれていることが多いと感じます。

しかし、これを鵜呑みにして、「あなたのこういうところが悪いと思う」など、相手がどう思うかを考えずに、思ったことを何でも言葉にしてしまうのは、よい方法とはいえません。なぜかというと、それは相手へのただの「ダメ出し」だからです。

また、**「自分は正しくあなたは間違っている」というニュアンスがこもった言葉は、相手に対する言葉の凶器にもなり、人間関係を壊しかねません。**

あなたに心があるように、相手にも心があります。

もちろん、心の中で思っていることは、自由です。誰にも止められませんし、そこによい悪いはありません。

しかし、**心の中で浮かんだことや思ったことについて何を口にするかを、私たちは、丁寧に**

言葉を選択する必要があるのです。

正直に伝えることと言いたい放題は違う

相手の気持ちを考えずに、自分の思ったことを正直に言う。そのようなコミュニケーションを取っている人に、私は直接「なぜそのように言うのか」と、聞いてみたことがあります。

すると、その人はこう言いました。

「これまでそのようなことを思っていても、言うのを我慢していた。でも、もう去年ぐらいからは我慢することをやめて、正直に言うようにしたの」

それを聞いて、私は非常に驚きました。

その人は誰かから何らかのアドバイスをもらい、一念発起して「もう我慢するのをやめる！」と強く決意されたのかもしれませんが、こちらからすると、突然、「以前からずっと不快な思いをしていた」と告げられたわけですからたまりません。

ここで、考えてみてほしいのは、**自分の気持ちを正直に言ったからといって必ずしも自分が**

望む結果は生まれるとは限らないということです。明らかにこの会話は、状況を悪化させていることがわかるでしょう。

人間関係は「味方づくり」

忘れてはならないのは、**人づきあいとは「味方づくり」**でもあるということです。

自分ひとりで行動するよりも相手との共同作業によって力が増すのだとしたら、その人と自分を「味方チーム」にして、人生をよりよく生きるため、何かを達成するために互いのリソースを分かち合った方が互いによいですよね。

人づきあいは、自己満足や、あるいは自分の充足をするために他人を利用するというものではなく、自分と相手の間に架け橋をつないで、共に目指す場所、もっと高いところに向かっていくことだと考えましょう。

そう考えると、思ったことのなかで、言ってもいいことと言わない方がいいことの区別も自然についてくるはずです。

もちろん、この「味方チーム」の中にも自分とはまったく考え方が違う人はいますし、悪いところも見えてきて鼻につくこともあるかもしれませんが、私たちが他者とコミュニケーションを取る理由は、決して自分が快適であるために相手を変えること、変わることを望むことではありません。

ひとりでいるよりも相手と一緒の方がより楽しくなるために行うものなのです。

心に浮かんだことを伝える方法

心に浮かんだことがあったとしても、率直に相手に伝えることで、相手との関係性が悪化することがあるということは、事前に想像がつきます。

それが、わかっているにもかかわらず、「味方チーム」のメンバーに対して、そのまま口に出してしまうのは明らかに子どもっぽい行為です。

では、よい関係を築きながら、自分の気持ちを伝えるにはどうしたらいいのかというと、まず**相手を肯定した上で、改善してほしいことを伝える**ことです。

「あなたのこういうところが悪いと思う」ではなく、「私はあなたのことが好きだけど、この件については、このように言動を一部変えてほしい。たとえば……」と言うだけで、「味方チーム」を励まし、さらによくしていくための作戦会議のような雰囲気になります。

相手に対して敬意を持ち、言い方を熟考したうえで、自分の思いを伝えるのであれば、関係性はよりよいものになっていきます。

たとえば、自分の友人が髪型を変えてきたとしましょう。

明らかに前の髪型の方が似合っていて、周りの人もそう思っている雰囲気があったとします。

ですが、本人は新しい髪型が気に入っているのだとしたら、あなたはどう声をかけますか？

「前の髪型の方がずっと似合っていたのになんで変えたの？　似合わないよ、残念」と正直に言うことは得策ではありません。かといって、「すごく似合ってる！」と、思ってもいないことを言わなくてもいい。ただ、事実を伝えることです。

「髪型を変えたんだね！　雰囲気すごく変わったよ！」と、髪型を変えたことと、その新しい髪型を本人が気に入っているという、事実について言葉にして祝福すればいいのです。

その3

ほとんどの人は自信過剰。相手より上であろうとするのをやめ、謙虚さを意識すればいい。

すべての人が自信過剰バイアスを持っている

人は、自分の経験の中でしかものごとを理解したり、判断したりすることができません。だからこそ、人間関係にはあまたの「誤解」が生まれます。その誤解とは何かというと「自分は他人より優れている」ということです。

現在日本で生活しているほとんどの人が、自分に対して、実際よりも、頭がよくて、性格がよくて、顔がよくて、親切だと思っています。そう、ほとんどの人が自分ことを「平均より上」と思っているのですが、現実はそうではありません。

ですが、この「自信過剰バイアス」というのは、私たちが精神のバランスを保つためにとても重要なものだったりするのです。

まず、人の心の根底には、自分は他者とは違う存在でありたいという願望があります。そして、現実よりも、自分がものごとを十分に把握していると認識していて、自分の能力に自信を持っている傾向があるのです。

ただ、人づきあいにおいて、一番嫌われる原因がこの「自信過剰バイアス」にあることも理解しておく必要があります。自慢話ばかりを繰り返し、自分のミスは認めず、人のせいにばかりしている人は、簡単に嫌われてしまいますね。

では、この自信過剰バイアスがなくなればいいのかというと、そうではありません。自信過剰バイアスがなくなると、正しい自己評価はできますが、自分に自信をなくしてしまい生活するのが苦しくなってしまいます。

しかし、「あの人はこうに違いない。だって、私がそう思っているのだから」と、自分の判断に自信過剰になり過ぎると人間関係はうまくいきません。

なぜなら、その考えは、自分の経験や価値観から相手を見て判断しているだけであって、本当かどうかわからないからです。

さらに、相手も自信過剰バイアスを持っていますから、互いに、「私の方が優れている」「私の方が正しい」という視点でいると、コミュニケーションを取ってもうまくいきません。

誰にでも、自尊心がありますから、他人があからさまに自分より優れていると思うようなことが起きると傷つきます。

人見知りで繊細な人も、しばしば「上から目線」になっていることがあるものです。これはどういうことかというと、人見知りの人というのは、自分をよりよく見せたいため、正直に人と関われない可能性があると考えています。常に、見栄を張っているのです。実際のところ、相手は自分に対して大して興味があるわけでもなく、その人がもともとどのくらいの実力があるかも知りません。だから、まずは自然体で接してみて、続くようなら続ける、続かないようならやめる、そうやって割り切って、自分のよりよい状態を常に保とうとすることが大切なのです。

謙虚なくらいでちょうどいい

では、どうしたらいいのかというと、常に、謙虚さを持つことです。

謙虚でいるくらいがちょうどよく、**謙虚でいる方が結果的に人間関係で得をする**のです。

私は料理が趣味ということもあり、Ｎｅｔｆｌｉｘでいろいろな料理バトル番組を見ています。その中で、成長し、成功していくシェフというのは、自分がまだまだ未熟なことを知っていて、自信過剰にならず、いろいろな指導者や周りの人の意見を受け入れて、周りの人とうまくコミュニケーションが取れる人ばかりです。

もともと、優秀なシェフだけが出ている番組なので、自信過剰気味になるのは仕方ないことかもしれませんが、その中で謙虚であることは、わざと自信なさげにしたり、遠慮してみたり、できない自分を演出することではありません。

優秀な人が集結する場で、相手も同じように優秀であることを認め、尊重し、他の人からどう学ぶかという気持ちを持って接することです。謙虚さを持つ人は必ず伸びていきますし、優秀な人たちからの信頼を得て、共に学び合い続けることができます。

逆に言えば、**自然と謙虚になれる人というのは、自信がある人**なのです。

自信がない状態で謙虚になってしまうと、周囲に埋もれてしまいますが、自分の中に十分な自信があれば、謙虚でいたとしても、高い位置にいられますし、自己顕示欲を撒き散らす必要がありません。

その4

嫌われたくないという気持ちを捨てる。好かれることもあれば、嫌われることもある。

嫌いな人にまで好かれる努力をしない

時折、「嫌いな人にも嫌われたくない」「歓迎されていない雰囲気に落ち込む」と思い、我慢して苦しんでいる人を見かけます。これは特に、協調性や共感性を強みとする人に多く見られます。

しかし、すべての人に嫌われないように努力していると、強みとして持っている協調性や共感性が生かせず、パフォーマンスも上がりません。

嫌われないために無理をして、負担を感じてしまうのであれば、まずその原因を取り除きましょう。どうすればいいのかというと、**物理的に「嫌いな人とはなるべく会わない」こと**です。

そして、歓迎されていない雰囲気を察したらすぐにその場から立ち去るという自分のルールを作り、しっかりと心に刻み行動することです。

そうすれば、協調性や共感性という強みがマイナス（落ち込みの要因）に作用する場を減らすことができ、きちんと強みとして活かせる状態を生み出せます。

まず、自分の強みを活かせる状況を作ってから改めて、「嫌いな人にまで好かれる努力をすることのメリットとデメリット」について考え、さらに、「嫌いな人にまで好かれる努力をする必要があるのかどうか」について考えてみてください。

考えた結果「必要ない」と思えるなら、そのまま嫌いな人とは距離を置き続けましょう。「必要がある」のであれば、互いの接点を見つけて少しずつ距離を縮めてください。「この距離感ならうまくつきあえる」という距離を見つけましょう。

「嫌われてもいい」と割り切る

私が講演などでキャリアアップしていくためのヒントなどをお伝えするときに、よくお話しすることがあります。それは、新しい世界へと飛び出そうとするときに必ず出てくる「ドリームキラー」についてです。

ドリームキラーとは、認知科学者の苫米地英人さんが名付けられた言葉で人が新しいステージに挑もうとするときに、「やめた方がいいのでは？」「そんなにうまくいかない」と諭してくるような人たちのことを指します。

これは、家族や配偶者、友人など近しい人たちが「あなたに置いていかれるのでは」とか「今の状況で満足している自分は間違っているのでは」と不安になることによって起きる反発ですが、これらの声に耳を傾けていると、やがてモチベーションが下がってしまいます。

ですから、このようなときこそ、**自分は自分、他人は他人と割り切り、嫌われたくないという気持ちを捨てることが大切**です。

今までの友人たちに嫌われたとしても、新しいプロセスの中でまた必ず新しい出会いがありますから、あまり気にすることはありません。

「人から嫌われてもいい」と思えるようになると、私たちは、もっと生きやすくなります。

その5

相手のために自分の身を削っていると人間関係は悪化する。しなくてもいい我慢はやめる。

プチ我慢も積もれば過度な怒りになる

相手のためによかれと思ってやっていることが、何度も繰り返すうちに負担になり、耐え切れなくなって、相手への敵意や恨みになってしまうことはありませんか？

たとえば、私は以前、ゴルフに行くときに毎回友人の家に迎えに行くのが通例になっていました。本来は車で15分ほどの距離ですが、友人の家を経由するため回り道して40分かかるので、少し早起きをして準備をする必要がありますし、帰りも回り道するので帰るのが少し遅くなります。これを何年間もやっていて、ストレスになっていた時期がありました。

怒りが爆発するようなことにはなりませんでしたが、50代に入ってからは、よほどのことがない限り、ゴルフにはひとりで行って、ひとりで帰るようにしています。そうしないと、知らず知らずのうちに自分の中でストレスが溜まってしまい、友人との関係が悪くなることに気づいたからです。

我慢は自分自身への嫌悪感になる

実は我慢をしてしまうのは、短期的なメリットがあるからです。

特に人づきあいが苦手だと思っている人は、目の前のことをとりあえず我慢してしまう傾向があります。

我慢していれば、大抵の物事はいったん収まりますし、うまく回ります。

しかし、**中長期的に見ると、我慢にはまったくいいことがありません。**

我慢をしているということは、他者の要求に応えるために自分をいじめている状態です。自分らしさを捻じ曲げている状態ですので、非常にストレスが大きくなります。その状態に対して嫌気が差してしまいますし、仕事でもパフォーマンスが上がらないので、どんどん人生がうまくいかなくなっていきます。

自分が我慢していることに気づいていないという人もいますが、私たちが落ち込むときは、大抵は何かしら我慢をしているときです。

自分の意見をきちんと言えて、思っていることや考えを前に出せるようになると、気分が落ち込むことが減っていきます。

この本を読んだあとで、何かしら落ち込むことがあったなら、そのまま放置するのではなく、そこに「何を言えていたらよかっただろう」「私は何を我慢して落ち込んでいるのだろう」と考えてみてください。

隠れ我慢は多くの場合気づかれない

多くの場合、我慢している人が相手に対して「我慢をしている」と言わない限り、相手にも周りにも気づいてもらえません。それどころか、相手は相手で「自分のために良かれと思って好意でやってくれているのだから、続けさせてあげよう」と思っていることもあります。

もし、今あなたが何かしらの**我慢をしているのだとしたら、相手に伝えない限りは理解してもらえない**と考えましょう。そして、小さな我慢を続けていると、その人間関係に少しずつヒビが入ります。**我慢していること、嫌なことは、きちんと言葉に出して伝える必要がある**のです。

そのためにも、まず、自分に対して「必ずしも相手の立場や社会を最優先にしなくてもよい」という許可を出していくことが大切です。

それができるようになると、これまでとは違う世界が見えてきます。

嫌なこと、我慢になることはやめてもいいのです。

私は現在お酒をまったく飲まないのですが、コロナ禍の前まではそれでもお酒の席に参加していました。

そして、お酒を飲まないのにお酒が中心の席にいる時間は、私にとって無意味な時間でした。「この場に来なければ、もっと本が読めるし、他のことに費やせるのに」と毎回思っていました。

参加していた理由は、参加したほうが人間関係がよくなると思っていたからですし、いろいろな話が聞けるという期待もありました。

でも、実際は、みんなお酒を飲むために集まっているだけですので、会話には集中していません。そのような、自分がつまらないと思っている場所に、わざわざ自分を置いておくのは自分いじめです。

私は、コロナ禍を機に「自分をわざわざいじめて、自分にとって価値がないと思う状態にお金と時間を費やすことはやめよう」と決意し、それからは、飲み会にはほとんど参加しなくなりました。

そうしたら非常に心が軽やかになり、人間関係にも影響などもありませんでしたから、取り越し苦労で、しなくてもいい我慢をしていたわけです。

搾取しようとする人から搾取され続けない

人間関係に不満を持ったまま生活していたり、我慢し続けていたりすると、心身に不調をきたし、人生は徐々に破綻していきますから、一刻も早くその状況を改善する必要があります。

しかしながら、幼少期に我慢することを生き延びる手段として学習してしまった人は、「生き延びる戦略」として、あえて我慢することを選んでしまう傾向があります。

そして、この世界に存在する「搾取しようとする人たち」や「洗脳して自分の都合のよいように人を動かそうとする人たち」は、この「つい我慢をしてしまう人」を見つけ出すのが非常に上手ですから、そのようなタイプの人とつながってしまうとなかなか泥沼から抜け出せなくなります。

大切なのは、我慢しなくてもいいと知ることと同時に、自分の希望や望みを相手に伝える方法を学ぶことです。

これは、後ほどお伝えしていきますが、早い段階から自分の希望を相手に伝えられるようになると、そこでの相手の反応から「この人とは早く離れたほうがいい」という判断もつきやすくなります。

そして、自分がどうしたいのかを、周囲に表明することで、自分だけが損をする環境からは脱出できるようになります。

自分をぞんざいに扱う人からは嫌われていい

私たちがなぜ、自分に我慢をさせる相手に対して、文句や要望を言いづらいのかというと、相手の反応を恐れたり、相手との関係が壊れるのではないかと不安になったりするからです。

つまり、相手に嫌な人だと思われたくないし、嫌われたくないのです。

ですが、ここでよく考えてみてください。

自分を我慢させ続ける相手に好かれる努力をする必要があるのでしょうか。

自分の要望をきちんと伝えられないような関係性を続けるのは健全なことでしょうか。

もし今あなたがこれを読みながら、「そうは言ってもうまく伝えられない」「でも、嫌われるのはやっぱり怖い」と思うのであれば、まずは言っても差し支えなさそうな**小さな要望を伝えること**からはじめてみてください。

お互いに要望を伝え合うことは決して悪いことではありません。

むしろ、**互いの「得」が折り合うように要望を伝え合っていくほうが、健全な関係性が構築できます。**

その6

いくらメリットがあっても、相手の機嫌に自分の思考を左右されたらほどよい距離を置くのが正解。

自分の人生を人に明け渡さない

本書の「はじめに」で「人間関係の本質はコスパにある」とお伝えしました。

実際に、私たちはデメリットしか感じない相手からは、当然離れますよね。

ちょっと問題がある人であっても、何らかの魅力があって、トータルで自分にとってプラスになる人とはつきあい続けるでしょう。

注意しておいてほしいのは、一緒にいることで、**自分にとって大きな得があるということは、相手の方が上の立場になりやすい**ということです。私たちは社会的な動物ですから、人に影響されること自体は悪いことではありません。

しかし、その相手がいることによって、明らかに自分のほうが多く恩恵を受けている場合、相手の言っていることや考えを無条件に信じたり、言われるがままに行動してしまったりすることがあります。相手の考えや指示を、まるで自分の考えのようにインストールしてしまうのです。

人の意見はその都度、是々非々で判断していく必要があります。自分がどれほど信頼する人、親しい人であっても、その人の意見が本当に正しいのか――。複数の意見を取り入れながら、健全に、「前向きな疑い」を持って接することが大切です。

この「前向きな疑い」は、健全な信頼関係を生み出します。

「自分」と「相手」をきちんと線引きする

人間関係の中で一番怖いのは、無意識のバイアスです。

気をつけなくてはならないのは、相手の話を、「あなたそれはダメよ！」と、真っ向から否定する人です。また、ものごとに対して「絶対」や「間違いない」と断定するタイプの人にも注意が必要です。

このような人から偏った情報を吹き込まれ続けると、無意識のバイアスに囚われてしまい、あたかも真実のような気分になっていきます。そして、それが真実なのかどうか、自分で確認しようとすら思わなくなっていきます。

自分以外の人の意見は、あなたの意見ではありません。

自分の意見は自分の意見として持ちながら、新しい価値観や自分とは違う意見を聞いたときは、必ず複数の意見を聞いて、自分の意見を見直す必要があります。

もちろん、相手の意見が正しいことはしばしばありますから、必要な部分を上手に取り入れて自分の考えを構築していくことが大切です。

依存的な関係性は解消する

人間関係は互いにWin（得）-Win（得）であることが重要です。

互いに支え合えたり、一緒に笑い合ったりする関係性になれればよいのですが、強い共依存の関係になってしまい、相手が不可欠になったり一方が我慢し続けるような不自然な支え方になったりするときは、勇気を持って相手との距離を取る必要があります。もちろんこれは、親や配偶者であっても同じです。

どちらかが主体的な意見を言ったときに、「相手がその意見に従うかどうかについては相手に任せる」というスタンスが取れればよいのですが、自分の意見が絶対であると押し付けてくる人には警戒が必要です。

また、社会では多様性が重要視されていますが、個人でも、人間関係を構築するときは自分と同質の人ではなく、多様性を取り入れることを意識してください。

自分とは違う判断や価値観を大事にしつつ、自分で自分の人生を決めていくことが大切です。

必要なときにはきちんとクレームを言う

私たちの一生の時間は有限ですし、無限の人とつきあえるわけではありませんね。だからこそある程度、自分で自分の気持ちや自分の考え、自分の生活をコントロールできる範囲で関われる相手と関係性を築き、それを超えて自分に危害が及ぶような人に対しては、ありとあらゆる手段を取って距離を取ることをおすすめします。

さらに、大切なのは、自分を脅かす存在に対して、自分の意思を明確に表明し、適切にクレームを入れることも、ときに必要だということです。

以前、こんなことがありました。私が加入した会員制のゴルフ場で、後ろの組の人たちが、私たちがまだプレーをしているコースで2回ほど打ち込んできたことがありました。ゴルフでは前の組に打球を打ち込まないように距離を保つというマナーがあります。1回目は許容しましたが、2回目は流石に「危ないですよ」と警告を発しました。

そうしたら、その組の人が腹いせのようにゴルフ場で取り締まりをしているマーシャルという人に対して私たちが遅いとクレームをつけたのです。そのマーシャルは事情がわからないので真に受けて、私たちに、「後ろの方が遅いと言われていて、迷惑されています」というようなことを言ってきたため、時間を確認したところ警告を受けるほどの遅さではまったくありませんでした。

私たちは、そのマーシャルにも直接事情を説明して、「遅くはないはずだ」ということを説明したのですが、まったく聞く耳を持ってくれなかったので、そのゴルフ場のマネージャーと会員課にエスカレーションしてクレームを入れました。

最近はカスハラという言葉も飛び交っていますが、困った人への対処法として、きちんとクレームを言うということは非常に大切なことです。これは人に当たり散らしているわけでもカスハラでもありません。

さまざまな場面で、「私ばかりなぜ被害に遭う」とか「私ばっかりなぜ嫌な目に遭う」と、悩む人が多いのですが、そういう人の多くは、被害に遭ったり、嫌な目に遭ったりしたときに、しっかりと自分の権利を主張していないケースが少なくありません。

「被害に遭う、嫌な目に遭うけれどもそれに対して何もしない」という人は、第2部で詳しく述べる攻撃的な人やテイカーに目をつけられやすくなります。

もちろん、自分には自分の行動権利や行動原則があり、相手にも同じものがありますから、合致しないときにはお互いに交渉や議論を重ねる必要がありますが、相手からの暴力的な言葉や態度に、ひたすら耐えるのはまったく得策ではありません。

よりよい人間関係を構築するためには、**何よりもまず、自分を自分で守る**こと。

自分が安心していられない場所で、人と上手にコミュニケーションを取ることなど不可能だと考えましょう。

その7

人間関係で落ち込んだときは、自分を責めず、落ち込んだことを許し、体を動かしてみる。

日々の落ち込みの原因は「人間関係」

このまま続くと思っていた人間関係がこじれたり、何か自分にとってマイナスな状況が生じたりすると、私たちは、まるで自分の人生を否定されたかのように自分の立ち位置がグラグラしてしまいます。多くの人は、立ち位置がグラグラしないようになんとかしようとしたり、頑張ったりしてしまいますが、グラグラしてしまうことを否定しないことが大切です。気持ちが大きく揺れてしまうのは、あたりまえのこととして受け止める――。つまり、**自分の中に湧いた感情を否定しない**ということです。

私たち人間は自分ひとりでは生きられない動物です。ですから、私たちは他人との関係性の中で、自分という人格や自分の価値を確認し続けます。家族や親しい人との間でトラブルが起きると、私たちは自分自身を否定されたかのように感じますし、一気に落ち込みます。それに対して、いいか悪いかの評価をするよりも、「人間関係とはそういうものだ」と受け入れることが大切です。

何でもかんでも自分のせいにしない

誰かとの関係性で落ち込むとき、特に繊細な人は、つい「自分が悪い」と思ってしまいがちですが、実際は、**「自分と誰か」「自分と何か」の関係性に課題がある**だけです。

人間関係がうまくいかないときに自分のせいにしたり、なんとか修復しようとしたりするよりも前に、「そもそもこの人間関係について清算する必要があるのではないか」と、しっかり考えてみてほしいのです。

特定の人間関係にこだわるからこそ、自分を責めてしまうし、執着するからこそ、自分が我慢してでも関係を維持しようとしてしまいます。ですから、落ち込むのは、現実と自分の希望の間で、折り合いをつけるプロセスのはじまりだと考えてみてください。

また、すべてを自分の力でなんとかしようとしないことです。相手があることについては、どうにもできないこともありますから、折り合いがつかないのであれば、距離を置く、遠ざかるという手段も随時検討していきましょう。

自分の人生をマネジメントすると決める

私たちは、不確実な状況やすぐに答えが出ない問題に直面すると迷走しがちです。それは、自分の人生の操縦桿を自分で操れなくなったと感じて焦るからです。

そういうときは、「ネガティブ・ケイパビリティ」を意識することです。

ネガティブ・ケイパビリティとは、イギリスの詩人ジョン・キーツが提唱した概念で、「自分の力ではどうにもならない事態に耐える能力」です。無理して急いで答えを出そうとせず、自分なりの答えが見つかるまで、焦らずに対応していく力ともいえるかもしれません。

自分の力ではどうしようもない事態に陥っているときこそ、「自分で自分の人生をマネジメントする」と決意することが大切です。そして、小さくてもいいのでできることから、自分の人生のマネジメントをし直すことです。

解決しないものごとを抱えたまま前向きに、今できることを進めていくことは、すぐにはできないかもしれませんが、訓練次第で少しずつできるようになります。

気分が落ち込むときはじっとしない

私たちは落ち込んでいるとき、メンタルのエネルギータンクや肉体的なエネルギータンクが空に近くなってしまっています。なんらかの形でエネルギーの給油が必要なのですが、ダラダラとしていてもエネルギー補給はできません。人間は動物ですから一定量の運動が必要です。有酸素運動によってエネルギーが発電されると考えましょう。

私は、気分が落ち込んだとき、自宅にいたらＶＲエクササイズをし、天気がいいときには自転車に乗って気の向くままに走ることにしています。

人間関係で落ち込んだら、ぜひほんの少し汗をかくぐらいの有酸素運動をしてみてください。血流がめぐり、ホルモンバランスが整い、エネルギーが補給されて、自然と「気分がよくなる」ということを体感できると思います。

また、声を出すこともおすすめです。ひとりでカラオケでもいいでしょう、お腹の底から声を出すことで、自分の内側からエネルギーが湧いてきます。

第1部
まとめ

人間関係は、感情が絡むからこそ、
公平性と客観性が大切。
割り切りとコスパ重視で、
自分の居場所を健全に保つ。

第2部

人間関係は スキルが9割

「自分を楽に、幸せにする」7つのスキルと磨き方

人づきあいがあまり得意でない人のための
7つのコミュニケーション戦略とスキルアップ術

スキル① 「困った人」を分析する

スキル② 怒りをコントロールする

スキル③ アサーティブに関わる

スキル④ 寛容さを手に入れる

スキル⑤ 思いやり力で幸せになる

スキル⑥ 適切に伝える技術を磨く

スキル⑦ SNSコミュニケーション術

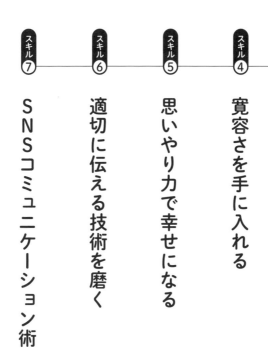

スキル1

「困った人」を分析する

あなたは今、どんな人に困らされているのか。

「困った人」に出会うのは避けられない。
それよりも「出会ったらどうするか」。
困った人ごとに対応策を決めておく。

さまざまな「困った人」について理解する

困った人たちとはどのような人たちかというと、典型的なのは攻撃してくる人たちです。家庭内でパートナーが肉体や言葉によって傷つけてくるDVの加害者や、職場において攻撃的なパワハラ上司などを指します。**これらの困った人たちの特徴は、「相手を困らせている」という自覚がまったくないこと**です。

彼らは、「常に、自分は正しく、自分は被害者である」という立ち位置を取ります。いわゆる「トラブルメーカー」で、その原因には認知の歪みがあります。本人にとって正しいこと、正しい行動をすることが、残念ながら周囲の人にとっては攻撃的であったり傍迷惑な行為になっていたりしているのです。

この認知の歪みは一朝一夕では治りません。生育歴が強く影響していたり、前頭前野の働きが鈍っていたり、さらに健康状態が悪いことによって起きていたりと、さまざまな背景があるため原因をすぐに取り除くことが難しいのです。対策を考えるためにも、まずは、自分の周囲にどのような困った人たちがいるのかを理解しましょう。

困った人
1

テイカー

特徴 常に相手から時間や物を奪おうと狙っており、与えてくれそうな人を探す天才

対処法 ▼早めに見抜いて距離を取る
▼しっかり自分の意見を伝える

私たちが人と関わるときの立ち位置は3つに分けられます。テイカー、ギバー、マッチャーです。テイカーは基本的に相手から常に、「何をしてもらおうか」と考えて人づきあいをする人で、ギバーはその逆で「何をしてあげようか」と考えている人、マッチャーは相互関係を考えて人とつきあう人のことです。

私たちの身の回りにいる「困った人」は、このうちのテイカーであることがほとんどです。モラハラやパワハラをしてくる人、マウントしてくる人もこの中に入ります。

テイカーの中でも、特に気をつけるべきは自身がテイカーであることへの理解が薄い人や確信犯として搾取しようとしてくる人です。

テイカーの中でも究極のテイカーが「サイコパス」といわれる人々です。「困った人7」で詳しくお話ししますが、相手の気持ちなど考えずに人を道具のように利用し、搾取し続けようとします。

また、マッチャーも、ときに困った人になります。マッチャーは「相手がギブしてくれただけ返す」という考え方をしていて、常に貸し借りの感覚で人間関係を計算していますから、借りをつくってしまうと後々めんどうです。

そう考えると、**理想的な人間関係は、ギバーとギバーでつながって、結果、互いがＷｉｎ(得)-Ｗｉｎ(得)になること**だと思います。

そして、ひとりの人の中にも実は、テイカー、マッチャー、ギバーは存在しています。私たちは自分に余裕がないときにはテイカーになり、余裕があるときはギバーでいられるものです。

実践1 テイカーとの関わり方

自分の余力の範囲以上に相手に与えないと決める

自分に余力があるときは、テイカー気質の人とつきあっても特に問題はありませんが、自分の余力以上に相手に与え過ぎることで自分が疲弊するようであればすぐに対策が必要です。

その人に対して何かしてあげることが負担になると感じたら、「自分にとって負担だからやめよう」と決め、ギブすることをやめることです。

また、「人を紹介してくれ」と言われたときに自分の心がざわつくようであれば、強い意志で紹介しないことです。「心当たりがない」と言って断りましょう。

テイカーの傾向の強い人を早めに見抜こう

短期的な人間関係を繰り返して、草木を焼き払って灰を肥料にする焼畑農業のように、どんどん人間関係を搾取してはこわしている人たちがいます、そうした人と人間関係をつくろうとしても、用がすんだり必要がないと感じられると自ら去っていってしまいます。当然ながら、関係が長く続きません。つまり、長年の友人というのがほとんどいないことが多いのです。

テイカー傾向の強い人の見わけ方は簡単です。その人に、「学生時代から長くつきあっている友人がたくさんいるかどうか」を確認してみてください。

困った人 2

攻撃してくる人

特徴 プライドが高く、承認欲求を満たすために他者を攻撃したり貶めたりする。

対処法 ▼実は精神的に弱いので脅しに乗らない相手を「困っているのだ」と俯瞰《ふかん》してみる

攻撃性の強い人とは、攻撃欲が強く、悪意を持って攻撃をしてくる人のことです。プライドが高く、他人を不幸せにするために力を使う傾向があります。

自己愛が強過ぎる割に、その自己愛が傷つきやすく、自分が持っている自信やプライドに対して、周りが自分の思った通りに扱ってくれないため、枯渇している自己承認欲求を持っていて、他人を攻撃したり、他人を貶めることで補充しようとしたりします。

自分のプライドに対してガソリンを与え続けないとあっという間に心がカラカラになってしまうので、無意識にそのようなことを繰り返します。

パワハラやセクハラを繰り返す人たちは、わかりやすいタイプの「攻撃してくる人」ですが、妬みや嫉みなどから相手の足を引っ張ったり、悪い噂話をしたり、誰かが自分以外の人のことを褒めたときに、ほとんど条件反射のようにその人の欠点や悪口を口にするような人も「攻撃性の強い人」といえます。

このようなタイプの人たちは、常に攻撃的で嫌な人かというとそうではありません。人間らしかったり、好ましい部分や魅力的な部分もあったりするので、ついその部分に取り込まれてしまいがちです。ただ、誰か貶める相手がいないと自分の尊厳が保てないため、常にターゲットを探していて、しかも、相手を見つける能力に長けています。

また、**攻撃をするタイプの人は、自分が攻撃されることについて非常に敏感**です。少しでも攻撃されたと思うと相手に対して強い悪意を抱いたり、悪口を言いふらしたりするので、非常に扱いがめんどうです。

実践 2

攻撃してくる人との関わり方

被害者にならない

人を攻撃しようとする人は実は弱い人間ですから、自分より弱いものにしか攻撃を仕掛けません。ですから、攻撃してくる人に目をつけられたら、やられっぱなしにならないことです。

自分がターゲットにされていることに気づいた段階で、距離を取ってさっさと逃げることが大切ですが、もしどうしても対峙しなければいけないのであれば、客観的なデータや証拠を示し、第三者も交えながら、「あなたの脅しには屈さない」という意思を明確にしてください。

職場などで、どうしてもこのようなタイプの人と関わらなくてはならないこともあるかもしれません。そのときは相手からの攻撃を、自分に対する攻撃だと受け取らずに、「相手は自分ひとりでは自分の尊厳を守れずに困っているのだ」と理解しましょう。相手のペースに巻き込まれないようにし、対峙しなくてはならない場面では一対一にならず第三者を入れるようにするとよいでしょう。ある程度距離を取りながらどのような関係性が築けるかを考えることが大切です。

困った人
3

他者をコントロールしようとする人

特徴　「あなたのためを思って」と自分の思った通りに相手を動かそうとする。

対処法　▼「あなたのためを思って」と言われたら警戒する

「あなたのためを思って」と言いながら、自分の都合を押し付けてきたり、相手に言うことをきかせようとしたりする人たちです。

このような、人間関係をコントロールしようとする人の基本姿勢は、「自分が正しく、あなたが間違っている。だからこそ私の言う通りにすべきだ」です。

もちろん、相手が純粋によかれと思って言ってくれることもありますし、私たちは常に正しいわけではありませんから、間違いについて指摘を受けること自体は問題ではありません。ただ、自分が望んでいないタイミングで唐突にアドバイスを押し付けられたり、どうするべきかまで提示されたりすると戸惑いますし、反感も覚えますよね。何より、このタイプの人の「あなたのため」は「自分のため」なのです。

そして、厄介なのは、このようなタイプの人が相手に対して、「あなたのためを思って」と言いはじめるのは、ある程度仲よくなってからだということです。

見ず知らずの人からのアドバイスについて私たちが強く悩むことはありませんが、ある程度信頼関係ができているような人から「あなたのためを思って」と苦言を呈されると、悩みますし、落ち込みます。この苦言が繰り返されるようになると、家庭内であればモラハラやDVにつながりますし、職場であればパワハラになっていきます。

ですから私は、かなり親しい友人であったとしても、「言いにくいことだけど、あなたのためを思って、私があえて言ってあげる。周りもそう思っているわよ」と言われるようなことがあったら、その友人に対して警戒心を強めます。

実践3

他者をコントロールしようとする人との関わり方

いったん疑ってみる

日常生活の中で関わる人たちから、「あなたのためを思って」というメッセージを受けたときは、どれだけ信頼している相手であっても、いったんそのメッセージを疑ってみましょう。

指摘されたことについて、特に事実に反していることについては、相手が多少気分を害したとしても、きちんと反論することです。

イネーブラーにならない

「あなたのためを思って」と言われたとき、あなたは相手から「自分より劣っている」

と判断され、支配下に置くことができる相手であると認定されていると考えてください。

他人を使って自分の欲求を満足させようとする人に尽くしてしまうタイプの人が一定数います。イネーブラーと呼ばれる人たちで、相手に支配されやすく、徐々に「この人が言うことが正しい」「この人がいないとダメだ」と、依存していってしまいます。

このような関係に陥ってしまったら、相手から少しの期間でも物理的に距離を置き、「本当にその人から好かれたいのか」「その人との関係性が必要なのか」を、見極めてください。その相手と離れたイメージをして心が楽になるのなら、すぐに関係を切りましょう。

困った人 4

見栄っ張りな人

特徴 どうでもいい自慢が多く、頻繁に嘘をついたり、人の悪口を言ったり人のせいにする。

対処法 ▼話をまともに聞き過ぎず、深く関わらない

私たちは、常に人から認められたいという承認欲求を持っていますが、その度合いは人それぞれです。ほんの少し認めてもらえただけで十分に満足できる人もいれば、大勢の人や権力のある人から承認されないと満足できないという人もいます。

承認欲求をうまく活用することで、「人の役に立ちたい」とか「自分の才能を活かしたい」「偉

大な業績を残したい」という思いは自分の力になりますし、実際に、社会に貢献することができるようになります。

問題なのは、承認欲求を満たすには、承認してくれる相手、つまり、称賛してくれる他者や、比較の対象となる他者が必要だということです。

実際に、自分の業績を上げたり、人や社会に貢献したりすることで、他者から認めてもらえている人はよいのですが、すべての人が成果を得ることができるわけではありません。

そうすると、もっと手っ取り早い方法、すなわち見栄を張ることで自分の承認欲求を満たそうとする人たちが一定数出てきます。

こういう人たちの言っていることは、どこまでが本当か嘘かわからなかったり、不都合なことを隠していたり、トラブルが起きたときにこちらのせいにするなど、実害を被ります。

さらに、承認欲求が強いがゆえに、見栄を張ります。

このタイプには2種類いて、自分が承認欲求や自己顕示欲が強いのだということを理解した上で、上手に周囲を楽しませて自分を満たしていくタイプと、実は虚栄心がとても強いにもかかわらず、それをまったく認めず、自分が謙虚だと心底信じているタイプです。

前者は人間関係においてさほど問題にはなりませんが、後者のタイプは、さまざまな場面であらゆる言い訳をしたり、周囲から認められている人を攻撃したりする傾向があるので注意が必要です。

私は、ブランドが好きでおしゃれな人に対して、観察していることがひとつあります。それは「普段着についてどのくらい気を使っているか」です。

本当に洋服が好きな人は、人に見せない普段着のときも、清潔でこざっぱりとした着心地のよい服を着ているはずです。

逆に、見栄っ張りなタイプの人は、ここぞ、という場面ではびっくりするぐらい着飾っていますが、日ごろは身なりに全くかまわずスッピンでいつも同じ服を着ていたりします。そのギャップがあまりにも激しい人は、普段からものすごく自分を「盛ろうとしている」人である可能性が高いので注意が必要です。

実践 4

見栄っ張りな人との関わり方

このような兆候が見えたら距離を置く

・頻繁に虚栄のための嘘をつかれる
・他人の見た目に問題がある(とその人が感じた)ときに介入してくる
・思い込みが強く、客観的な事実を否定する
・浪費家の傾向があり、倹約家を馬鹿にする
・人を落とす機会があるときには、チクチクと落としてくる
・どうでもいい自慢話が多く、あなたが知らない人の悪口を言う
・弱みを徹底的に隠そうとする

困った人
5

人間磁石症候群

特徴 利己的な人と利他的な人がぴたりとくっついた状態。困るのは利他的な方。

対処法 ▼関わっている人との距離感を定期的にチェックする。

これは、「困った人」というよりも、困った性質を持っている人が2人以上くっつくことで起きる困った「共依存関係」のことです。くっつくことによって困った状況になる関係性だとイメージしてみてください。

「人間磁石症候群」とは、米国の心理療法士のロス・ローゼンバーグ氏が唱えた概念で「他人を使って自分の欲望を満たそうとする利己的な人」と「他人の願望を満たしてあげることに自分の幸せを感じる利他的な人」が、磁石のようにぴたりとくっついて離れられなくなることです。

最も利他的な人をマイナス5、最も利己的な人をプラス5と定義した場合、私たちはその間のどこかに収まります。完全に利己的な人、完全に利他的な人というのはほとんどいません。多くの人は軽く利己的、軽く利他的です。

そして、面白いことに、配偶者や恋人との関係や親友関係は、プラス5の人とマイナス5の人、プラス4の人とマイナス4の人が、互いに磁石のように無意識に惹かれ合って共依存関係を形成します。利己の度合いと利他の度合いが同じくらいなら、バランスが取れるのではないかと思われることでしょう。これは、ある意味で正解です。

プラス1の人とマイナス1、プラス2の人とマイナス2くらいの利己と利他度合いの低いもの同士であれば長期継続的な幸福を保てます。これが、プラス3とマイナス3以上の組み合わせになってくると、はじめのうちは互いに強く惹かれ合いうまくいくのですが、年数を重ねるごとに問題が生じてきます。

破綻した状態で、結婚生活や友人関係をギリギリのところで保っている人もいますが、多くの場合はどちらかが爆発して縁を切ることになります。

利己的な人が利他的な人に対して、「もうこれ以上搾取するものがない」と突然去っていったり、あるいは利他的な人が耐えきれなくなって利己的な人と喧嘩別れをしたりします。

このシンドロームの大きな問題は、本人が変わらない限り同じパターンが繰り返されるということです。利己的な人は知らず知らずのうちに利他的な人を利用して傷つけ、嫌われることになりますが、利己的な人は、自分でそれに気づきにくいのです。

逆に過度に利他的な人は、利己的な人を無意識のうちに引きつけてしまい、親密な関係になり、最後は破綻するということを繰り返すことがあります。

実践5

人間磁石症候群からの抜け出し方

自分の欲求を自分で満たす

利己性の強い人、利他性の強い人、どちらのタイプだったとしても、よい人間関係を構築し直すために必要なのは、ある程度社会や他の人とのバランスを取りながら、自分で自分の欲望を満たし、自分のことは自分で責任を取ることです。

これができるようになると、困った人たちとくっついて、破滅に向かって突き進むというようなことが起きにくくなります。適度な距離感で心地よい人間関係を作ることができるようになるのです。

まずは自分の人生を自分で決め、自分の感情や欲求に耳を傾け、関係する相手との関係を見直すことが大切です。一人で旅をする、一人で何かに没頭するなどの時間を設けて、人と距離を取ることで、人間関係を俯瞰して見ることができます。

困った人6

めんどうくさい人

特徴　約束を守らない、時間を守らない、ドタキャンをするなど人の時間を奪う。

対処法
▼こちらから誘わない
▼相手が変わることに期待しない

端的に言うと、「コミュニケーションコストが高い人」のことです。コミュニケーションコストは一般的に、情報を伝えたり、意思疎通を図ったりするために必要な時間や労力のことを指します。コミュニケーションコストが低い人ほど、他者とのコミュニケーションが円滑に進みます。

では、コミュニケーションコストが高い人というのはどういう状態かというと、基本的に「時間泥棒」をする人のことだと考えてみてください。

私の体感では、一番コミュニケーションコストが高いのは、「ドタキャンをする人」です。

約束が守れないことは誰にでもありますが、前日や前々日になって毎回のようにキャンセルする人がいます。病気の場合には仕方がありませんが、病気以外の理由――特に「急な仕事」などで突然連絡してくる人は、私たちが約束のために準備をしている時間や労力のことをまったく慮《おもんぱか》らない人でもあります。

本当は行きたくないのに「大丈夫！　楽しみにしていますね！」などと発言し、後から何かしらの理由で断ってくる人も、「めんどうな人」の部類に入ります。

他にも、返信が遅過ぎる人、相手の話を遮って自分の話をしはじめる人、やたらおせっかいをしてきたり、足を引っ張ったり、自分の価値観を押し付けるようなアドバイスならぬ、言い方はちょっと汚いのですが「クソバイス」をしてくる人なども、コミュニケーションコストが高い人であるといえます。

実践6

めんどうな人との関わり方

3回ルールで距離を置く

約束を破る人かどうかは、最初の段階ではわかりません。

そして、これらの「めんどうな人」は往々にして調子がいい人が多く、初対面ではいい人に見えがちです。

ですから、関わっている中で「関わり続けるかどうか」をきちんと自分で判断し、必要に応じて距離を置く必要があります。

同じように、おせっかいが過ぎる人や返信が遅過ぎる人なども、関わってみてはじめて気づくことが多いのですが、自分が不快だな、粗雑に扱われているな、と思う場面が3回続いたら、「自分からは積極的に連絡しない」という選択をすることも必要です。

また、自分自身がめんどうな人になっていないかどうか、時折振り返ってみることも大切です。

人間関係のコスト管理は徹底する

関わることで疲弊する相手に、大切な時間や労力を注ぎ続けるのをやめましょう。とはいえ、人間関係は一度複雑に絡むとなかなか抜けられず、依存性が強いという特性もあります。

ある程度ドライに、合理的にコスト管理をし、「これ以上コストがかかるなら離れる」というラインを決めておくことで、深みにハマって傷ついてしまうのを防ぐことができます。

困った人7

サイコパス

特徴 善良な人を見つけ出すのがうまく、心の隙間に入り込み自分のために利用する。

対処法 ▼身も心もボロボロになる前に逃げ切る

「サイコパス」とは、精神医学の用語で、「精神病質」と訳され、パーソナリティー障害の一種です。身近にも意外に多いといわれます。

人間関係においてコストをかけないためには、できるだけ巻き込まれないようにするのが無難です。

自分以外の人の力をたくみに使い、目覚ましい業績を上げ、高い地位についていることもよくあるので、世間のイメージのよい人でも、親しくなってみると、身近な人には非常に利己的な言動を繰り返しているということがあります。こういった人に近づくと、しばしば振り回されて疲弊してしまいます。手助けをしたい、あるいは役に立ちたいといった純粋な気持ちを利用されると、繊細な人ほど深く傷ついてしまうものです。

仕事や人生において、なんらかの形で関わってしまうことがあるでしょう。安易に決めつけるようなことは慎まなければなりませんが、身を守るために、ぜひ心に留めておくとよいと思います。

サイコパス研究の第一人者である心理学博士のロバート・D・ヘアは、感情や対人関係面での特徴を次のようにまとめています(『診断名サイコパス』〈早川書房〉)。

- **口達者で皮相的**
- **自己中心的で傲慢**
- **良心の呵責や罪悪感の欠如**

・共感能力の欠如
・ずるく、ごまかしがうまい
・浅い感情

第一印象では、感じがよく、相手の心に入り込むのがうまいといわれます。いい人だと信頼させて相手が自分から離れられない状況になったら態度を豹変させ、相手を支配下に置くといったこともあります。ですから、DVを行う人や職場でパワハラをする人などにもこの傾向があると考えられるのです。

サイコパスは、これまで述べてきた攻撃性が強い人やコントロールしようとする人たちと同じく、利他的で善良な人を探す能力に長けています。

一見すると魅力的な人物に映ることも多いですから、見抜くことは難しいのですが、少しでもおかしいなと感じたら、とにかく近寄らないこと、そして、気づいたらすぐに離れることです。相手が理不尽な要求を繰り返してきたら、継続的に、きっぱりと拒否しましょう。

こうした人にとって、自分を拒否する人というのは、たんにめんどうくさい存在でしかありません。次第に興味をなくして、他のターゲットを探し、離れてくれるでしょう。

そういう人と、深い友人関係や恋愛関係に陥ってしまって、なかなかそこから脱却することができない状況になってしまっている人もいるでしょう。私も何度かそういう傾向のある人と親友関係になったりパートナーシップを築いたりしたことがありますが、相手からの搾取に悩んだ末、はっきりと「距離を置きたい」と話しました。意外とあっさりと受け入れてくれたものです。

一緒にいることがつらいと感じたり、理不尽なことが多いと思ったりしたら、きっぱりと拒否し、自分の意思をはっきりと伝えましょう。

実践7

信頼していいかどうか迷ったときにはここを確認

相手の経歴や人生を確認する

新しい友人や恋人ができそうなときは、相手のこれまでの人生の道のりをしっかり見つめてみましょう。信頼できる人かどうかを見極めるためにも大切なことです。チェックポイントは以下のようなものです。

- □古くからの友人がたくさんいるか
- □複数の友人から聞いたときに、その人をよく言っているかどうか
- □ひとつの仕事が長続きしているか
- □口先だけではなくしっかりとした業績を上げているか

スキル1
まとめ

「困った人」を分析する

「困った人」への基本の対処法は、「距離を置く」こと。関わる頻度を減らすだけで、人間関係は楽になる。

スキル2

怒りをコントロールする

怒りを
コントロールできれば
自分が救われる。

怒りが湧くのは自然なこと。
怒ってもいい。
ただし、コントロールすること。

怒りは湧いて当然。振り回されなければいいだけ

アンガー・マネジメントというと、誤解されがちなのが、「怒らない」ようにする技術のように思われてしまうことです。しかし、怒りは感情ですから、喜びや悲しみと同じく湧いてくることと自体は抑えることができません。

怒りを表明せずに感情を抑圧していると、徐々に、自分の本音すら見えなくなっていきます。一方で、怒りを自分が感じるままに表現すると、「子どもっぽい人」「めんどうな人」と思われますし、トラブルも起こりがち。自分で自分のことを嫌いになって、疲れてしまうこともあります。

アンガー・マネジメントを考えるときに大切なのは、「自分が主体となり、怒りに振り回されないようにする」ことです。

怒りを悪いものだと思う方もいるかもしれませんが、実は、怒りとは私たちが生き残るために「危険から自分の身を守るために必要な感情」だと考えられています。

ここで言う危険とは体に対してのみならず、心が危険と感じることも含まれます。つまり、

私たち人間は、何者かによって心身が攻撃されると、その相手に対して怒りを感じるという仕組みを持っているのです。

ですから、**怒りを感じるのはあたりまえ**のことなのです。まずは、それについて理解することで、怒りを悪者にせずに済みます。

怒りを理解しコントロールする

怒りは非常に強い感情ですが、怒りを上手にコントロールする方法を学び、そして、トレーニングすることで徐々に怒りによって人生を台無しにすることがなくなっていきます。

怒りが湧き起こったときは、すぐに行動を起こさないことが重要です。

そして、自分の怒りの原因が何なのかを知り、怒りを感じていることを認め、肯定します。

無理やり怒りの感情を抑えるのではなく、理解することで、怒りはコントロールできます。

これができるようになるには、訓練が必要ですが、幸か不幸か、私たちは日々「怒り」という感情に触れる機会があります。そう、日々訓練できるのです。

これから怒りの感情が湧く場面があったら、怒るべき場所では、自分の責任で自分のためにしっかりと怒ること。

そして、怒る必要がない、怒るべきではない場所では、怒りを感じていることを肯定した上で、自分の怒りから距離を取り、怒りの原因を探り、ストレートに相手にぶつけないという能動的な選択をします。

怒りが湧き起こる仕組みを理解する

私たちは、何かあったときにいきなり怒るわけではありません。

何か、自分にとってよくないできごとが起きると、そのできごとに対して、自分の価値観で解釈や意味づけを行い、その意味づけによって自分が攻撃をされているとか、許せないと考えたときにはじめて怒りが生じます。

つまり、**私たちはできごとそのものに怒っているのではなく、できごとに対して自分の価値観や経験から「勝手な解釈」をし、それに対して腹を立てている**のです。

これは、言い換えると**「私たちは、自分で自分を怒らせている」**ということになります。

特に、私たちは自分にとってのコア・ビリーフ（中心となる価値観）が揺るがされていると感じるときに怒りを覚えます。

たとえば、「列には必ず並ぶべきだ」という価値観を持っている人がいたとして、そこに突然誰かが割り込んできた場合に、その人は腹を立てるというわけです。

認知と行動を修正する方法

実は、この、自分の価値観から行ってしまう「勝手な解釈」は、自分の置かれた状況や心の状態によって随分と差が出ます。

心や時間に余裕があるときは、相手の行動を自分の価値観で解釈せずに、相手の考えを尊重して思いやりを持って接することができます。

ですから、アンガー・マネジメントとは、ゆとりを持つことであるとも言えます。

しかし、自分がストレスにさらされていたり、時間に余裕がなかったりするときは、「こうあるべき」が発動しやすくなります。

これは仕方がないことですが、**怒りが生まれたときにいったん自分の中の「べき」を取り外してみると、余計な怒りは鎮まります。**これを「認知に対する修正」といいます。これができるようになると、必要のない怒りを感じずに済みます。

また、認知の修正ができるようになったら、次に取り組むのは「行動に対する修正」です。怒りに対して衝動的に相手を叱りつけたり、怒鳴りつけたりするのは、怒りに自分が振り回されている状態です。

今、自分が感じている怒りの原因について、中長期的に相手に行動を修正してほしいと感じているのであれば、「相手に誤解や不快感を生む言葉を避けつつ、自分の意見も上手に主張できるようなコミュニケーション方法」を学ぶ必要があります。

怒りが湧いてくるのは、
自分の主義を破られるから。
だからマイルールの方を
緩めてみる。

認知の修正とは「心の広い人になる」こと

アンガー・マネジメントというと、怒りを感じたら「6秒数える」というような方法が流布していますが、病気やリスクマネジメントと同じく予防も大切です。**認知を修正して、余計な怒りを生まない**ようにする訓練をしましょう。

「認知の修正」は、平たく言うと「心の広い人になる」ということです。

怒りを生む原因である「べき」という自分の中にある価値観について、「ここまではOK」「ここからはNG」と二元論にするのではなく、その間に**「このくらいだったら、まあいいかな」という許容範囲を自ら作る**のです。

「待ち合わせには絶対に遅れてはいけない」という主義を持っている人は、「時間前に来るのはOKだけど、時間を1分でも遅れたらNG」という境界線を持っている傾向があります。

1分の遅れが、その後の二人の関係や行動に実際は何の影響も与えないだろうとわかっていても、相手が遅れるとイライラしてしまうのです。

これについて、自分の怒りに対する境界線を認知し、許容範囲を緩めてみます。

相手が守りやすい許容範囲を作り、自分に対しても許せる範囲を明確にするのです。これによって、「待ち合わせの時間は守るべき」という二元論を、無理なく緩めることができます。これもまた、互いをWin（得）-Win（得）にする考え方です。

自分の「べき」を疑ってみる

私たちが「困った人」と対峙して苦しくなってしまうのには理由があります。

それは、ほとんどの人の頭の中に、「人はこうあるべき」「相手はこう振る舞うべき」という「べき論」が存在するためです。

自分の持っている「べき」に沿わない人が出てくるたびに、相手を「困った人」と認定しているが故に困り、腹を立てたり、悲しんだりするのです。

ですから、困った人との関わり方を考える前に、自分自身の「べき」について考えてみることも大切です。

その「べき」は万人共通で必ず守らなければならないものでしょうか。

もちろん命に関わることや社会的不正義が起きるような極端なものについては、必ず守る必要があるでしょう。

しかし、私たちが持っている「べき」は、改めてよく考えてみると、「守っても守らなくてもどちらでもいい」ということも少なくありません。私たちが、自分の「べき」を柔らかくできれば、相手がそれを守らない「困った人」になることが減ります。

建設的に妥協する

ここで例として、片づけに関する「べき」について考えてみましょう。

家庭内に、片づけ好きな人と、散らかす人がいる場合、「片づけるべき」と考えている方が散らかす人を「困った人」として認定し、強いストレスを感じます。

片づけ好きな人が、散らかす人が散らかした分を、片づけ続けることになるかもしれませんし、相手に何度も「片づけて！」と文句を言い続けていると徐々に人間関係が悪くなるかもしれません。

この場合、片づけたい方が、どうしても片づいた家に住みたいのであれば、ひとり暮らしを選択するか、片づけられる人と暮らすのが一番よいのですが、すでに片づけられない人と同居しているわけですから、解決には「建設的な妥協」が必要です。

こういうときの解決法はいくつか考えられます。

生ゴミのような放置すると腐ったりにおったりするものについては最低限片づけ、放置しても問題ないものについては相手が片づけるのを待つか、相手の「持ち物箱」を作ってそこに何でも入れてしまうことです。何がなんでも片づいている状態にする「べき」に柔軟性を持たせて、相手が片づけなければいけない場所にとりあえず持っていって、相手に、その後の選択を託すのです。

それでもどうしても散らかし過ぎるのが気になるのであれば、自分が全部負担してしんどい思いをするのではなく、あえて、週に1度程度外部の業者に入ってもらうといった提案をするなど工夫が必要です。

相手を自分の価値観に合わせようとしない

困った人たちに対して、自分の「べき」を１００％通そうとすると、その人間関係はたちまち袋小路に入ってしまいます。そして、今すぐに自分の価値観に収まる解決をしたいと望むからイライラするのです。

まず、相手の人格を否定するのをやめ、相手を変えるのは無理だと割り切りましょう。

自分の「べき」をいったん脇に置いて、自分と相手との間にある物理的、または精神的な「困っていること」に目を向けて問題を整理し、その問題を解決するためには何をすればいいのかを考えましょう。

「完璧な解決」を目指すのではなく、今よりもマシな状況を検討し、自分の中でも「それならあり」という状態を目指します。これが「建設的な妥協」です。

問題に対して頭を柔らかくし、解決策を検討し、その中から自分にとってベストパフォーマンスになるものを選択し続けると、困った人が出てきても、ある程度柔軟に対応することがで

きるようになります。

「べき」の境界線を設定する

自分が持っている「〇〇すべき」に対する境界線を相手と擦り合わせていくことは、相手との中長期的な関係性を大事にするためのコミュニケーションです。

なぜこの「べき」について、許容範囲を作る必要があるのかといいますと、自分にとってはNGでも、相手にとってはOKというそれぞれの境界線があるからです。自分が「守るべき」と思っているからといって、自分の境界線だけを主張しても、コミュニケーションはうまくいきません。

もともと境界線が近い人同士のコミュニケーションの方が圧倒的に楽ですし、怒りを感じる機会も少ないでしょう。しかし、自分にとって楽なコミュニケーションばかり続けていると、自分と価値観が違う人とのコミュニケーションが苦手になり、つきあう人はかなり限られてしまいます。自分の境界線を乗り越えてくる人に会うたびに怒りを感じていたら、人と関わるのが嫌になりますし、そんな自分を嫌いになってしまうかもしれません。

自分と相手の得を考えると怒りが収まる

心理学の分野のひとつである交流分析は、いかに「I'm OK. You are also OK」の境地にたどり着くかということが目的になっています。

自分もOK、相手もOKである。

その状態を生み出すためには、自分のOKの許容範囲も広げたいし、相手に対してもゆったりと大きく構える習慣をつけていきたいものです。

相手に対して許容範囲を広げるための最大の武器は「相手を理解すること」に尽きます。

自分が重要視していることに対してはことさら、許容範囲が狭くなりがちですから、許容範囲を広げる努力をしていきましょう。境界線を緩めることによって、相手との関係性がよくなれば、それが自分にとっても楽になる手段となりますので、境界線を広げることが、だんだんと苦ではなくなるはずです。

実践1

許容範囲を調整する

自分の怒りの沸点を明確にする

自分がどのような相手に怒りを感じるのかを考えてみてください。

先にお伝えしたように、この「許容範囲」というのは、もともと、自分の置かれた状況や心の状態によって随分と差が出るものです。

「機嫌がいいときだと10分は怒らずにいられるけれど、機嫌が悪いときは、2分くらいが限界」というように、自分の心のコンディションによってブレるのではなく、自分に対しても、相手との約束で「待ち合わせの時間に遅れても許せるのは5分である」と、境界線を明確にすることです。

そうして、相手に対しても、自分に対しても、許容範囲を安定させます。

自分のルールを少しだけ緩める

・待ち合わせ時間までに来るのが望ましい
・待ち合わせに連絡なく5分程度遅れても、許容する
・待ち合わせに5分以上遅れるなら、連絡をしてほしいということを相手に伝える

このように、自分が普段相手に対して許せないなと思っていることや、「こうするべき」と強く信じているものに対して、ほんの少し許容範囲を広げてみてください。

誰かがあなたを
怒らせるのではなく
あなたがあなたを
怒らせている。
それがわかると制御できる。

あなたを怒らせているのは誰か

怒りが湧いてくることは自然なことだとお伝えしましたが、それを撒き散らしていると人間関係が壊れてしまいます。

怒りに対処するには、「怒る原因は他人ではなく、自分である」と自覚できるようになることが大切です。逆に言えば、「他人が自分を怒らせている」という考え方を持っている限り、怒りはコントロールできないということです。怒りを生み出しているのは自分である。そのことをまず理解し、自覚することから、アンガー・マネジメントは可能になります。

前の項で、認知の修正方法をお伝えしましたが、次に取り組むのは行動の修正方法です。

アメリカの精神科医ウィリアム・グラッサー博士が提唱する「選択理論心理学」でも、繰り返し「感情はコントロールできないが、どのように考えるか、どのような行動を取るかはコントロールできる」と説明しています。これは、スティーブン・R・コヴィー博士が提唱する成功し続けるための『7つの習慣』の第1の習慣の「主体的である」ということでもあります。

彼らが異口同音に伝えているのは、**「自分の責任で、自分の行動を取る。主体性を持って、**

「他人のせいにしない」ということです。

私たちが、自分の怒りや行動を他人のせいにしている限り、いつも他人に振り回されてしまいます。しかし、どんな人と一緒にいても、自分の行動を自分で選ぶことができれば、他人に影響されにくくなります。

行動を修正するストップシンキング

怒りが湧くポイントとして、日常的によくあるのが、会話をしている相手から「ムカッ」とすることを言われたときです。特に、自分が、よかれと思ってした行動を批判されたり、否定されたりすると、ほとんどの人は怒りを覚えます。あなただけではありません。ここで、すぐさま、強い口調で言い返したり、相手を怒鳴りつけたりしてしまうと、人間関係が即座に壊れてしまうことがあります。

こういうときにやってみてほしいのが「ストップシンキング」という方法です。頭の中から怒りの原因となるものを一度追い出し、意識を怒りから遠ざけます。

実践
2

怒りから距離を置く

6秒ルールを活用する

怒りを鎮めるための有名な方法に「6秒テクニック」があります。

怒りを覚えた瞬間に反射的な行動を取らずに、6秒間自分の心の中でカウントします。他には、「相手に悪気はない」とか「大丈夫。自分で自分をコントロールできる」と心の中で言ってみる「マントラを唱える」という手法や、目の前にある時計に意識を集中する、机や床のシミを数えてみるなど、集中力を別の方向に向かわせる「グラウンディング」という手法などがあります。自分に合う方法を試してみてください。

その場から離れる

ストップシンキングを試してもうまくいかないという場合は、怒りが湧いたらとにかくその場から離れる「タイムアウト」を取ることもおすすめです。

ストップシンキングやタイムアウトなど、すぐできることを使って怒りから距離を取ることで、怒りをコントロールする成功体験を積むことができます。また、周囲との関係性がよくなれば、怒る回数も減ることでしょう。

こういった一連の手法は、やろうと思えばすぐにできるのが特徴です。

自分自身の怒りを感じる回数を減らすことはできませんが、その場での怒りの対処法としては大いに有効です。

誰でも、自分の怒りを
自分でコントロール
することができる。
必要なのはテクニック。

怒りをコントロールする中長期的なテクニック

これまでお伝えした、怒りから距離を置くことを繰り返すという方法は、湧き上がった怒りへの対処法としては効果的です。

ただ、その場で爆発することは抑えることはできるものの、また同じ問題に当たったときに、同じように怒りを感じてしまいます。

中長期的に関係を保ちたい相手との問題解決にはつながらない可能性もありますし、感じた怒りをあまりにも抑えつけ過ぎると、思考に歪みが生まれたり、心身に影響が出たりすることもあります。

根本的な解決に向けてのテクニックを磨きましょう。

怒りが教えてくれる「問題」に向き合う

怒りを感じたということは、自分の中に何らかの問題が生じているということですから、怒りを感じたときに、怒り自体に目を向けるのではなく、怒りが示唆する、「今、何の問題が起きているのか」「自分は何に対して怒り、困っているのか」に、課題を置き換えて、その問題解決を図ります。

人間関係の問題解決を試みるときに、多くの人がやってしまいがちなのが、ごまかしてしまったり、先送りしてしまったり、そして犯人探しをしてしまうことです。「相手が悪い」と決めてしまうと、自分は何も変える必要がなく、「自分は悪くない」で終わってしまいがちです。そのように、自分の問題に目を向けずに都合のよい解釈を続けていると、アンガー・マネジメントは上達しません。

また、怒りを撒き散らされる側も、神経がすり減りますよね。

私たちは、さまざまなコミュニティの中で、さまざまな人の怒りに触れることがありますが、こう言ってしまうと元も子もないのですが、他人の怒りは側から見ていると、笑ってしまうくらい「どうでもいい怒り」だったりします。

でも、当人にとってそれは、深刻な怒りなのです。そのことをまず理解しましょう。

「アンガー・ログ」を取り本当の問題に気づく

怒りを感じたときに、「私には今、何の問題が起きているのか」を知るためには、「アンガー・ログ」を取ってみることが有効です。

これは、「その場でどんな怒りを感じたのか、直感的な怒りの内容を記録する」というものです。ノートになぜ怒ったのかを、客観的に記録していきます。

こうすることで、怒りを感じている自分の他に、「もうひとりの自分」の視点で客観的に怒りの原因を見つけることができます。

怒りを感じたその瞬間は、ストップシンキングなどを使って怒りが爆発するのを抑えましょう。そして、抜本的な解決のために、その怒りがどこから来ているのかを冷静に分析していきます。

実践3 アンガー・ログを取ってみる

アンガー・ログの取り方にもいろいろな手法がありますが、簡単なのは、以下のようなものを記すことです。

■アンガー・ログの取り方

・日付
・場所
・内容
・思ったこと
・怒りの強さ（10段階）

大事なのは、まだ怒りが収まらない状態で分析しないことです。まさに怒りを感じているその場では冷静な分析はできませんから、分析することについても、ストップシンキングのテクニックを使い、冷静さを取り戻すまで待ちます。

怒りの原因を分析し、判断する

冷静に分析できるくらいに落ち着いたら、自分がメモしたアンガー・ログを分析し、問題解決を試みます。問題解決、と言っても、すべての怒りを解決する必要はありません。書き込んだ内容を、以下のマトリクスを作り、分析していきます。

アンガーマネジメント マトリクス

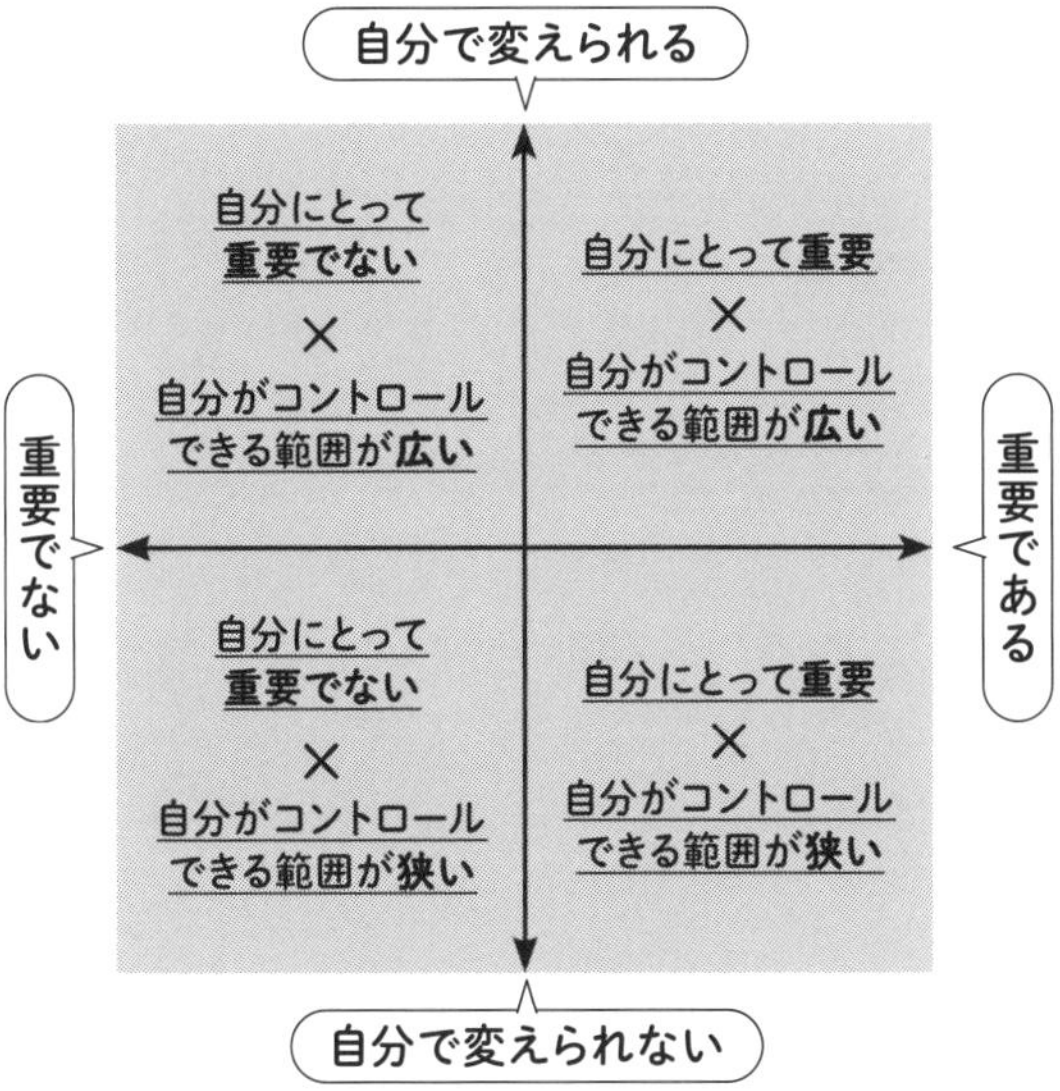

この4つのブロックのうち、「自分にとって重要×自分がコントロールできる範囲が広い」部分については、重点的に力を入れて改善を試みますが、「自分にとって重要でない×自分がコントロールできる範囲が狭い」ところに対しては、気にしないことです。実際に目で見て、自分にとって重要でもなく、コントロールできないと認識した部分については、放っておいても気にならないものです。もちろん、怒った当初は気になるかもしれませんが、怒りが収まったころには、すぐ忘れてしまうでしょう。

また、「自分で変えられる範囲が広いものの、あまり重要でない」ことについては、余力があるときにやるということで、計画を立てるに留めましょう。

自分には変えられないことは、
変えられる部分のみ、
できる範囲で変えてみる。

自分では変えられないことに向き合う

怒りをコントロールする上で厄介なのが、「自分にとっては重要だけど、自分では変えられないことがあるとき」です。

たとえば、社会の中のシステムに怒りを感じていても、自分の力ではどうしようもないことがあります。こういうときは、「すべてを変えられないかもしれないけれど、自分にできる範囲がどこまでなのか」を探してみましょう。

私は基本的に、行列に並ぶことがあまり好きではありません。あまりにひどい行列に対して、怒りを感じることがあります。しかし、私ひとりの考えで、空港のシステムや乗り方を変えることはできません。怒りを感じる理由のひとつは、自分には何もできないという「無力感」です。たとえ状況を変えられなかったとしても、気持ちを言語化することで怒りをコントロールすることができます。

ブログを書いたり、ノートに自分の気持ちを書いて整理することで、怒りが溜まりにくくなります。

さらに、アンガー・ログをつけ、マトリクスに振り分けて分析してみると、その**怒りには、自分だけで解決できるものと相手がいて自分だけでは解決できないものがあることに気づく**はずです。

自分だけの問題の解決は比較的簡単です。なぜかというと、裁量範囲がすべて自分にあるからです。前項でもお伝えしたように、怒りの許容範囲を広げることでクリアできるかどうかも試します。

次に、自分が目指している「人生の目標やゴール」と照らし合わせて、その怒りがどう影響するのか考えて、自分に尋ねてみてください。

「今ここで怒ることは、自分の中長期の人生の目標にとって、重要なことだろうか」

そう考えてみると実は9割のことは、「怒る必要がない」と気づけるはずです。

一番のハードルは相手がいる場合

怒りの原因を解決する上で一番ハードルが高いのは、問題を解決するために相手の協力が必

要な場合です。

そして、怒りが湧く場面には、だいたい相手が存在します。ストップシンキングやアンガー・ログを活用して、その場の怒りに対応することは可能ですが、怒りを抱えていることをずっと抑えているとどうなっていくでしょうか。まず、同じタイプの人と会うたびに、同じ怒りを覚えることになりますし、その人のいるグループにいるのも嫌になっていってしまいます。

怒りの遅延のテクニックにも限度があって、いわゆる「堪忍袋の緒が切れる」ことも起こります。選択理論心理学でもアサーティブネスでも、**「我慢し過ぎると必ずぶり返しが起きる」**と言われています。実際に、我慢し続けた人が突然怒りを爆発させる場面を見たことがある人も多いのではないでしょうか。

では、大爆発する前にどんな対策を取ったらいいのかというと、「周りの人と上手にコミュニケーションすることで、その問題の根本的な解決を図ること」です。あるいは、怒りを感じているのがシチュエーションではなく、特定の相手に対してなのであれば、少なくともその問題について相手に「怒りを覚えている」ということを伝えることです。

私はよく「人はエスパーではない」という表現をします。

私たちは、相手の非言語情報を感じ取る能力がありますが、やはりその能力にも限界があります。

うまく怒りを相手に言語で表現できない人は、ストレスがどんどん溜まっていき、短期的なアンガー・マネジメントを行う余裕もなくなって、どこかで大爆発する確率が高まります。

だからこそ、相手に対して、「何を伝えるのか」「どのように伝えるのか」を、トレーニングしていく必要があるのです。

相手に怒りの原因を説明し改善を図る

あなたが相手とぶつかっているとき、あなたにはあなたなりの理由が、そして、相手には相手なりの理由があります。

相手に自分の怒りについて伝える際は、自己責任を心掛けて**相手に自分の怒りの責任のすべてを押し付けない**ことが重要です。

相手に自分の怒りの原因を説明するときには、以下のことに気をつけましょう。

■怒りを相手に伝えるときに気をつけること
・自分を主語にすること
・自分を過度の被害者にしないこと
・相手を責める言葉をさけること
・相手にレッテルを貼らないこと
・相手の立場も思いやること

相手に自分の怒りの原因を説明するということは、相手の非を指摘し、責めることではありません。

あくまで、相手と自分が共同で問題解決に当たるための土壌を作ることが目的です。従って、相手に対する言い方も、普段と同じかそれ以上に穏やかに話す必要があります。

何について悔しかったのか、悲しかったのか。

落ち着いた態度で、はっきりと、相手に素直な気持ちを伝えます。原因探しではなく、未来のための問題解決に向けた具体策を提示しましょう。相手に対して、上から過ぎず、下から過ぎず、対等な立場を保つことも大切です。

怒りはメールで送らない

また、これらの話を「メール」で行うことは、極力避けましょう。

デジタルツールでのコミュニケーションにはいまだ不完全な要素が多くあります。

メールでのやり取りで解決することが、できないとは言いませんが、非常に高度なテクニックが必要とされますので、人づきあいが苦手な方がチャレンジするのはお勧めしません。

特に、不器用な人や人づきあいが苦手な人、繊細な人は、怒りが湧いたときに感傷的になり自分が被害者の立場で書き綴りがちです。

受け手は受け手の感覚で文章の行間を読みますので、私たちの真意は伝わりにくく、こちらの真意は「改善してほしい」のだとしても、受け手は怒りをただぶつけられたように受け取ったり、ただ責められているようにしか思えなかったりします。

また、メールの文章は、長ければ長いほど、相手は、一方的なクレームや説教に感じてしまいます。そうすると、解決できることも、解決できなくなりかねません。

どうしても口頭で話せない時は電話をしましょう。とにかく、メールで相手に怒りを伝えるのは避けるべきです。メールで伝えるぐらいであれば、とりあえずその場を黙っておいて、直接話ができるときにまだ保留した方が良いと思います。どうしてもメールを送りたくなったときには、とりあえず話したいとか会いたいという趣旨のメールを送って、内容については触れないようにしましょう。

スキル2
まとめ

怒りをコントロールする

怒りの原因を正しく突き止め、
問題として向き合えば、
怒りはコントロールできる。

スキル3

アサーティブに関わる

言いにくいことも自分の言葉で伝えるテクニックを磨く。

自分に認められている
アサーティブの権利を知ることで
人と対等に、誠実に渡り合える。

アサーティブ・コミュニケーションを学ぶ

「アサーティブ」とは、自分の意見や要望を、相手の価値観や権利を尊重しながら、誠実に、率直に、そして対等に伝えることです。

「アサーティブ・コミュニケーション」とは、自分も相手も大切に尊重しながら、自分の気持ちを率直に伝える技術のことをいいます。このアサーティブ・コミュニケーションについては勤務先などでトレーニングを受けたことがある人も多いのではないでしょうか。

多くの人が知りたがっているスキルですが、単なるテクニックとして覚えてもなかなか身につきません。まずはアサーティブの考え方には4つの柱があるという基本を理解しましょう。

アサーティブ・コミュニケーションの基本

■アサーティブの4つの柱
・誠実
・対等
・率直
・自己責任

□誠実である

ひとつ目の「誠実」であるということについて考えてみましょう。

コミュニケーションがうまくいっていないときは、どちらかが不誠実であることがほとんどです。

たとえば、よくあるのは自分が不快に思っているのにその事実に蓋をして自己欺瞞《ぎまん》に陥っている場合です。これが続くと、相手との関係性には必ずヒビが入ります。相手に対して誠実であるために、まずは自己欺瞞をやめ、自分の心にも相手に対しても誠実になる必要があります。

□対等である

相手と「対等」な立場で意見を言い合えるようになると、関係性は良好になります。

対等ではない関係性というのはたとえば、上司と部下、先生と生徒、というような関係のことですが、アサーティブな観点で相手と対峙するときは、これらの上下関係は役割上の分担であって、人間としては対等であるという姿勢を取って、相手とコミュニケーションを図ります。

こちらが下手に出たり卑屈になったりしてしまうと、相手も真摯にならずコミュニケーションが歪みます。一方、こちらが上から目線で臨むと、相手の反感を買って反発を受けてしまうことになります。

アサーティブ・コミュニケーションでは、**必要以上に相手を持ち上げたり、見下したりせず、対等に相手と向き合う**ことを心がけます。

□率直である

「率直」であるということは、自分の気持ちや意見を隠さずに、ストレートに伝えることです。

ただ、やみくもに思ったことを相手にぶつけるのではありません。

主語を「私」にして、「私はこう思う」「私はこうしてほしい」など、自分が何を感じているか、自分の気持ちや相手にやってほしいことを相手に伝えます。

ここで、遠回しな表現をしたり、誤魔化したりしないことが大切です。

さらに、「あの人もこう言っていたけれど」というように、第三者の意見を持ち出して話をややこしくしないことです。

□自己責任である

アサーティブ・コミュニケーションにおいて大切なのは、**自分の言動に責任を持つ**ことです。

自分が相手に言ったこと、あるいは自分が言わなかったことの結果に対しては自分に責任があるとする考え方です。

私たちは、うまくいかなかったことに対して相手や周りのせいにしがちですが、自分が何かの行為をしたとき、あるいは行為をしなかったときに起こりうる結果は自分で責任を持たなくてはなりません。

アサーティブの12の権利

アサーティブの4つの思想についてお話ししましたが、これらの思想のもとになっているのは**「自分を大事に扱う権利」**です。イギリスのアサーティブの第一人者、アン・ディクソンが提唱したものをもとに、次の「12の権利」としてまとめられています。

ひとつずつ見ていきましょう。

1 私には、日常的な役割にとらわれることなく、ひとりの人間として、自分のための優先順位を決める権利がある
2 私には、能力のある対等な人間として、敬意を持って扱われる権利がある
3 私には、自分の感情を認め、それを表現する権利がある
4 私には、自分の意見と価値観を表明する権利がある
5 私には、自分のために「イエス」「ノー」を決めて言う権利がある
6 私には、間違える権利がある
7 私には、考えを変える権利がある
8 私には、「よくわかりません」と言う権利がある
9 私には、ほしいものやしたいことを求める権利がある
10 私には、人の悩みの種を自分の責任にしなくてもよい権利がある
11 私には、周りの人からの評価を気にせず、人と接する権利がある
12 私には、アサーティブではない自分を選択する権利がある

私たちがなぜコミュニケーションの中でアサーティブを必要とするのかというと、私たちが自分らしく生きるための権利を守るためです。

これは、私が勝間塾やサポートメールで普段から伝えている「自分らしく生きることをサポートする」こととよく似ています。

ひとことでまとめるなら**「他人の人生を生きない」**ということです。

実践1

アサーティブの12の権利について理解する

「自分を大切に扱う権利」を自分に認める

前記の12のリストを読み上げてみてください。

しっくりくる権利はありましたか。逆に、「そんな権利は自分にはない」と思った権利はいくつあったでしょうか。自分がどの部分について上手に権利を行使できていないのか考えてみてください。

繊細な人ほど、自分に対してこれほど多くの権利があることに気づいていません。権利の存在を知っても、「自分がそれをしていい」とは思えないものです。

12の権利を、毎日夜寝る前などにつぶやいてみてください。

それだけでも、自分をないがしろにしてしまうとき、ふと、自分の権利を思い出すことにつながります。

相手と関わるとき、
自分を後回しにしていないか。
普段のコミュニケーションを
振り返る。

なぜ人はなかなかアサーティブになれないのか

私たちは、世間体や社会規範を重んじてしまい、自分の気持ちをないがしろにしたり、自分のことを後回しにしたりしてしまう傾向があります。なぜかというと、人は、自分ひとりでは生きられないということが本能的にわかっているので、自分の気持ちよりも社会的なつながりを大事にしてしまうからです。

もうひとつ、アサーティブなコミュニケーションがよい人間関係を生むと学んだとしても、なかなかアサーティブになれないのは、「時間割引率」が高いからです。

時間割引率とは、経済学や行動経済学などの分野で用いられる概念で、将来の価値を現在に置き換えて割り引く率のことで、「将来のよりよいことのために、今の欲望をいかに我慢するか」という指標です。

今ここで何かを言うことで余計な苦労をするよりは、とりあえずやり過ごした方が心理的にも時間的にも楽な気がするからなのですが、実は、**問題を先送りにすると、課題はどんどん大きくなり、人間関係はもつれて解決しにくくなっていきます。結果的には時間割引率は高くなっ**

てしまうのです。

また、自分がそう思ってもいないのに、相手の意見に合わせて「そうですね」と言ってその場をやり過ごしても、中長期的には相手からの信頼は得られません。

そして、私たちはエスパーではないので、相手の思っていることや心の中のことについては相手が言語化してくれないと理解できないのです。相手との関係性をより良好に保ちたいのであれば、主張が異なることがあった場合、そのときに少しずつすり合わせを重ねた方がよいのです。

日ごろから考え方をアサーティブにする

意識していても、いざというときにアサーティブなコミュニケーションができないという話はよく聞きます。

これは、コミュニケーションの問題ではなく、思考回路や頭の中のプログラムそのものがまだアサーティブになっていないからです。

アサーティブになれない理由のひとつに、「完璧主義」や「失敗してはいけない症候群」があります。相手に対して反論をしたり提案をしたりしようとするときに、「相手からその提案に対する欠点を指摘されたらどうしよう」とか、あるいは「反論に対してもう一度強く言われたらどうしよう」という考えがよぎってしまい、自分の意見を言わずにやり過ごしてしまうのです。

たとえば、上司に対して何かを言おうとするときに、「もし万が一自分が間違っていたとしたら、上司との関係性が悪くなるのではないか」と考えて、自分の考えを口に出すことができないというようなケースです。

こういうときは、「私たちは、失敗するのがあたりまえだし、失敗しても周りから強く咎められない権利がある」ということを強く意識しましょう。

間違って反応してしまったとしても、それはそれで仕方のないことです。いちいちそのことで相手も自分も完璧主義に陥る必要などないのだとお互いに認識できているかどうかということが重要です。

嫌なことを嫌と伝える技術

私たちが**アサーティブなコミュニケーションを実践するときに大切なのは、受け身にならないこと**です。自分の気持ちに正直になり、自分が嫌だと思ったことについては相手を尊重しながらも、「どうして嫌なのか」をしっかりと説明します。

自分が嫌であるということを伝えるのは、最初は勇気が必要かもしれませんが、嫌だと思っていることをそのままにしてしまうと、相手にとっては実はそれは簡単に直せることであるかもしれないのに我慢することで、そのうちあなたが相手を嫌いになり、相手はあなたに好かれる権利を失ってしまいます。

素直に「私は○○なのが嫌だから、こうしてほしい」と伝えたときに、「え？ そうだったの？ 全然気づかなかった。言ってくれてよかった。次からそうするね！」といとも簡単に相手が対応してくれて、拍子抜けすることもあります。「嫌われるかも」というのは、あくまで主観でしかありません。コミュニケーションは自分を軸にして、相手を尊重することが大切です。

実践 2

アサーティブなコミュニケーションを取ってみる

相手が言っていることを理解する

アサーティブなコミュニケーションを行う上で大切なのが、「相手が言っていることを正しく理解する」ことです。

私たちは、普段から、相手がそういうつもりがないのにもかかわらず、相手が言っていることを否定的に受け取ってしまうことがあります。相手が言っていることに対して自分がカチンときたり、困ったと感じたりしたときこそ、相手がその発言に至った理由について思いを巡らし、理解するようにします。

そして、いきなり相手を否定したり、怒り出したりするのではなく、誠実な質問を繰り出して、「どういう意味でそれを言ったのか」を理解していくようにしましょう。

自分が考えていることを具体的に説明する

相手が言っていることに対して「それは無理、難しい」と感じてしまうと、私たちは全面否定になりがちです。

たとえば、上司から期限がタイトな仕事を振られたときに「そんなこと、その期日までにできるわけがありませんよね！」「なぜもっと早く振ってくれないんですか！」「今無理です！」などと、頭ごなしに否定してしまうような感じです。

こういうときこそ、自分が今、どのような状況にあるのか、その期限までに他にやらなくてはならないことや今与えられたタスクのうちどの部分にどう時間がかかるのかについて誠実に率直に説明し、さらに、「だからこそ、それを自分が望む品質で期日までに仕上げることが難しい」と伝えます。

ポイントは、相手は自分自身ではないと捉えて、自分と相手を分けて考えることです。自分がその瞬間に直感的に考えたことや、相手が無理難題を押し付けていると感じたことが、「あくまで自分の考え」であると理解し、「相手は無理難題だと思っていないから振っている」という、相手の視点で考えてみることです。

そして、自分がなぜこの案件を無理だと感じるのかについて、両者の見解の違いを擦り合わせていきます。

要望について的を絞る

自分と相手との間で起きている課題が明確になったら、こちらの要求をできる限り絞っていきます。

たとえば、「この部分については間に合わないのですが、この部分までは期日までに仕上げます」「間に合わせますが、このくらいの品質になりますが構わないでしょうか」など、代替案をきちんと出すのです。

怒りを感じたときこそ、
アサーティブに対応する。
人間関係のトラブルは激減する。

アサーティブは怒ったときこそ役立つ

アサーティブなコミュニケーションはさまざまな場面で必要ですが、特に必要なのが、怒ったときです。

私たちは、プラスの感情もマイナスの感情も持っているのがあたりまえですが、プラスの感情は自然と表現することができても、マイナスの感情を持て余しがちです。怒りや悲しみを、相手に対してどうやって表現したらいいのかわからず、湧いてきた感情のままにぶつけてしまうと相手を傷つけたり、怒らせたりするかもしれないと考えるからです。

まずは、「怒る」ということが悪いことだという認識から手放しましょう。

怒りは、自ら怒ろうとして怒るのではなく、状況に応じて出てくる私たちの自然な感情です。その感情を抑え込み続けると大きなストレスになりますし、きちんと怒りを扱わない限り周囲の人とのコミュニケーションも難しくなります。

これは、怒りをぶちまけて当たり散らす人だけではありません。人見知りであったり、不器用であったり、繊細である人も、持て余したマイナスの感情を内に秘めて恨みを抱えてしまい、静かな不機嫌をばら撒いてしまうこともあります。不機嫌ハラスメント、いわゆる「フキハラ」です。

怒りを溜め込み、我慢し続けることはマイナスでしかありません。

私たちは、怒りが湧いてくるときこそ、どうやったらアサーティブなコミュニケーションが取れるのかを積極的に考える必要があります。

怒りをコミュニケーションの材料にしない

アサーティブに気を使うようになると、「相手に対して怒りをぶつけてはいけない」と考えがちです。

しかし、自分の怒りを適切に表現することが必要なこともあります。

納得できていないことに対して自分の意見や怒りを抑えつけていると、徐々に判断の歪みが生じます。私たちの行動や思考は、意識的に行えるのは10％で、残りの90％はこれまでの経験や判断による、「無意識のデータベース」に蓄積されていくからです。怒りを抱え込んでいると、当然ながらコミュニケーションに悪影響が出てきます。

嫌々ながら引き受けて、怒りを抱え込んでしまった人が、ある日爆発することもあります。

また、別の理由をつけてその場から逃れようとしたり、相手に怒りを直接ぶつけて攻撃してしまったりするなどの不適切なコミュニケーションを繰り返すようになり、人間関係が壊れやすくなるのです。

■怒りを溜めると起きやすくなるネガティブなコミュニケーション

・**防御的なコミュニケーション**
いやいやながらも引き受けて心の中では怒りを抱えてしまう

・**作為的なコミュニケーション**
本当の理由を隠して、違う理由を相手に告げて逃げようとする

・**攻撃的なコミュニケーション**
「そんなことはやりたくない」など相手に怒りをぶつけて攻撃してしまう

アサーティブな関係を築けない相手からは逃げる

どれだけ努力したとしても、アサーティブな関係が構築できない、または保てない相手というのは存在します。そのような場合には、最後の手段があります。

それは、「相手との関係性を断って、逃げること」です。

私たちは私たちの人生を生きる権利がありますから、その権利を脅かされてまで他人のために生きる必要はありません。なぜ私たちがなかなか、逃げるという決意ができないかというと、どうしても社会や世間体が気になるからです。

このようなときは、「もし自分がここで自分の感情にフタをせずにしっかりと自分の意見を表明した場合に最悪の状況としてどのようなことが起きるか」を考えてみましょう。さらに、その最悪のことと、現状が続くことについて比べて考えてみてください。そして、自分の意見を表明した場合に「起きうる最悪のこと」について、自分が引き受ける決意があるのであれば、堂々と逃げればいいのです。

実践3

アサーティブに怒りを伝える

怒りを伝える前に自分に問う3つのこと

「ひどい」「最低だ」「許せない」というような表現は相手を攻撃する言葉であって、アサーティブではありません。

怒りを表現する前に3つのことを自分に質問してみてください。

1　何が起きて、怒りを感じたのか

2　自分は起きたことに対してどう感じているのか

3　自分が望んでいることは何か

そこから、アサーティブにコミュニケーションを取ります。

たとえば、連絡もなく待ち合わせに30分も遅刻してきた人に対して怒っていて、自分の時間や自分をないがしろにされたように感じて怒っているとするならば、伝えることは、このようになるでしょう。

「私は、あなたが30分も遅れてきて怒っています。あなたには遅刻する理由があったのでしょう。次回からは、待ち合わせに遅れるときは、連絡してくださいね」

怒りとうまくつきあうためには心の余裕が必要

怒りの問題を解決するためには、アサーティブなコミュニケーションを取れるようになることだと説明してきましたが、アサーティブなコミュニケーションを取り続けるためには、私たち自身が心の余裕を持ち続けることが必要です。

体力や気力、知識、お金、さまざまなものに余裕があれば、こちらから相手に対して提案できることも多くなりますし、何か失礼なことを言われたり無理難題を振られたりしても、それを吸収したり跳ねのけたりすることができるようになります。

■心の余裕を持つために必要なこと

・十分な栄養と睡眠
・余裕のある時間
・自分が基本的には周りの人から理解され、大事にされているという確信
・リラックスした心と体

「金持ち喧嘩せず」という言葉がありますが、なぜお金持ちがアサーティブになれるかというと、その理由は、「お金持ちだから」です。お金は心の余裕を生み出しますし、自分をリラックスさせるためにさまざまな手段を講じることができます。

お金持ちでなかったとしても、おおらかにふるまい、心に余裕を持つようにしてみましょう。

心に余裕があれば、短期的には損をすることであっても、中長期で見るとこちらに得になることなら、受け入れてとりあえず進んでみるというような柔軟な対応ができるようになります。

常に自分の側に余裕を持っておくことによって、先に述べた時間割引率を下げていくことができるのです。

スキル3
まとめ

アサーティブに関わる

私たちには、誰もが
自分を大切にする権利がある。
その立ち位置で人と関われば、
自分も相手も大切にできる。

スキル4

寛容さを手に入れる

自分の弱みを認め、相手の弱みを認めると、寛容になれる。

自分の弱みを認めれば、
自分の強みが発揮できる。
自分に対してまず寛容になる。

自分の弱みを認める

私たちは誰もが長所と短所を持っています。動物でたとえるなら、足の速いチーターのような人もいれば、美しい羽を持つ孔雀のような人もいます。

それぞれが、自分の強みを活かすことでキャリアアップしたり、やりたいことに挑戦したりすることができれば、いろいろなことがうまくいきますが、この強みを活用するためには実は、自分の弱みを理解して、諦めることも非常に重要です。

自分の強みを発掘するために活用できるツールが「クリフトンストレングス®（旧ストレングスファインダー®）」です。

自分の中の本当の強みを発見し、開発するためのツールで、34種類の資質があり、大きく4つの分野に分けられています。

米国ギャラップ社が提供しているテストがありますので、有料なのですがそれを受けてみるのもいいでしょう。（クリフトンストレングス® https://www.gallup.com/cliftonstrengths/

「クリフトンストレングス®」のテーマ

「実行力」の資質	達成欲
	アレンジ
	信念
	公平性
	慎重さ
	規律性
	目標志向
	責任感
	回復志向
「影響力」の資質	活発性
	指令性
	コミュニケーション
	競争性
	最上志向
	自己確信
	自我
	社交性

「人間関係構築力」の資質	適応性
	運命思考
	成長促進
	共感性
	調和性
	包含
	個別化
	ポジティブ
	親密性
「戦略的思考力」の資質	分析思考
	原点思考
	未来志向
	着想
	収集心
	内省
	学習欲
	戦略性

ja/254039/strengthsfinder.aspx）

クリフトンストレングス®について学べるスクールを運営されているビジネスコーチの森川里美さんは、「強みを理解することは、自分を正しく理解することであり、弱みを諦めることが重要」だと言っています。

ゾウには長い鼻や大きな体、重たいものを動かせる力があります。ゾウの特性を活かして、重いものを運んだり、高いところにある果実を取ったりすると、それらの特性が活用できますが、ゾウがレース編みに手を出してもなかなかうまくいきません。**長所を活かすということは、短所を諦めるということでもある**のです。

たとえば私の場合ですが、「対人知性」が人並みよりややマイナスです。それもあってか、対人知性が豊富な人に向いているテレビタレントとしては、努力した時間と比べると、まったく成功しませんでした。数年ジタバタもがきましたが、２０１９年にほぼやめてしまったことで、スッキリしました。

また、「空間認知」についても人並みですので、ゴルフのパターも、前後左右に自分で自由に角度をつけて打ち分けられるようなピン型は向いていないことに気づき、パターのガイドラインに従ってまっすぐに打てば、まっすぐに転がるマレット型のパターに戻しました。

自分の特性を無視して無理やりチャレンジしても、できないことはできません。

そのときに、できない自分を責めるのではなく、自分に向いている方へ転換したり、違う方法を考えて解決していったりする方が建設的です。


「自分の弱みを認め、諦めること」で、人生は確実に楽になり、成功しやすくもなります。

自分の弱みを認めて上手に諦める

私たちは自分自身の弱みについて認めるのが苦手ですし、弱みがあったとしても、「努力でなんとかなる」と思いがちです。それ自体は間違っていませんが、人よりもできないことをできるようにするために過剰な投資をするよりも、もともと努力しなくてもできるような強みに投資した方が効率的です。

また、「弱みを認める」というのは、誰に対しても自分の弱みをさらけ出すということではありませんし、また、弱い部分があることをひた隠しにして、できるふりをして生きていく必要はありません。ただ、普段の生活や自分の人生設計を組み立てるなかで、少なくとも自分自身は自分の真実に対してきちんと把握をしておくとよいでしょう。

自分の弱みに関わる時間を減らす

自分の弱みを認めて、さっさと諦め、弱みである分野にはなるべく関わらないように戦略を練りましょう。どうしても関わらなくてはならなくなったときは、人の手を借りることです。市場サービスを活用すれば、弱みを補うことも可能です。

自分が弱みをさらけ出してもそれについて責めるのではなくサポートしてくれるような人間関係を作っていくことを意識しましょう。

弱みを聞いても責めたりせず、サポートしてくれる人というのは、思いやりがあり、心に余裕がある人たちです。このような人には、積極的に自分の弱みを開示し、全体がうまく回るようにするにはどうしたらいいのかを相談し一緒に考えていきましょう。

実践1

弱みに割く時間を極力減らす

助けを得る仕組みを活用する

たとえば、掃除が苦手だと自覚しているのであれば、家事代行を頼んだりロボット掃除機などを導入したりしてみましょう。事務作業が苦手な人は、その作業ごと外注することを検討してみてください。

私も15年ぐらいお願いしているお掃除会社があります。週に1度自宅に来て、水回りなどを掃除してくれるほか、飼っているオカメインコのいちごちゃんの餌の予備がなくなったことなどいつもいろいろと私の注意力散漫さをフォローしてくれていま す。すべてを自分でやろうとすると疲弊してしまいますが、それを得意とする人に助けてもらうことで、自分の強みを活かす時間を生み出すことができます。

相手の弱みを攻撃しない。
互いに弱みがあるからこそ、
一緒にいることに
意味が生まれる。

互いに弱みがあるからこそつながれる

私たちは誰もが完璧ではありませんし、誰にでも強みと弱みがあります。ぜひここで思考の転換を行ってください。

ひとりですべてのことができてしまうなら、人と関わる必要がなくなりますが、**人は、弱みがあるからこそ、人とつながることができる**のです。そう考えると、弱みはとてつもないメリットに変わります。

自分の弱いところが鍵穴のようになっていて、そこが強みだという人が鍵を持っていて、新しい扉を開けてくれるようなイメージです。ひとりではできなかったことができ、新しいつながりが生まれるのだという感覚を持ってみてほしいのです。

ただ、相手に自分ができないことを丸投げするのはよくありません。人から助けてもらうときは、伴走してもらうイメージを持ち、自分でできることは自分でやり、できない部分について補ってもらうという姿勢でいましょう。

自分の短所を認め、開示することができるようになってきたら、弱みを愛しく感じてくるものです。そして、**自分の弱いところを十分に認められるようになると、他の人の弱さについて気になることもなくなってきます。**

その次の段階として、自分と同じような短所がある人についても受け入れることができるようになり、「一緒に頑張ろう」という気持ちにもなれます。

さらに次の段階では、自分が持っていない短所を持つ人に対して理解し、思いやりを持てるようになります。

周囲のサポートをしてもらっていることへの感謝の気持ちが湧いてきて、自分自身もまた弱さを持つ人たちをサポートしたいと思えるようになるのです。人間関係において「困った人」だと認定する相手も減っていき、人間関係で悩むことが格段に減ります。

他者に対して寛容になる

人間関係をうまく活かせるコツは、寛容な自分になることです。

「寛容」とは何かというと、自分以外の価値観や考え方あるいは自分以外の人の誤りなどについて、理解を示して、いちいち怒らなくなるということです。

ハーバード大学教育学大学院のロバート・キーガン名誉教授の「成人発達理論」によると、自分の価値判断や基準を確立させながらも、周囲の意見や環境の変化などを鑑みて柔軟に対応し、その時々の状況に応じて自分を成長させられるように戦略や考え方を修正していくことができる「自己変容型知性」を持つ人は、わずか5％程度に留まるそうです。この「寛容スキル」を磨くことで、ものごとが進めやすくなり、幸福感も得られやすくなります。

人と対立したり、何かうまくいかないことがあったりするときに、人は自分の狭い価値観や正義感を振りかざしがちですが、**「正しいか、間違っているか」という視点から意識して距離を取ってみてください。**同時に、「相手が何とかしてくれるだろう」という考え方からも卒業する必要があります。

実践 2

寛容性のスキルを磨く

寛容性を意識するだけで大きく変化する

寛容性を磨くのに最適な場は職場です。現在は、コンプライアンスの問題や働き方改革、ダイバーシティの観点からも、「寛容性」のスキルを持っておくことが必須でもあります。一緒に働く同僚やチームなど、同じ目的を持って前進する仲間だと捉えて、「考え方ややり方は違う。ただし、同じゴールを目指している」と認識しましょう。

意見が合わないこともあると思いますが、そのときこそ「寛容性」を意識するときです。「それは違う」「私の考えでは」と遮るのではなく、いったん相手の話を聞き、受け止めてみることです。「そういう考え方もあるのか」「もしかすると私の伝え方が不十分かもしれない」という目で見てみるのです。そこから意外な発見があったり、素晴らしいアイデアが生まれることがあります。

寛容さをスキルとして磨き続ける

寛容さは、人間関係を構築するための重要なスキルです。

寛容さが持てるようになると、相手がどのような行動を取ったとしても、それが「相手にとってはそれなりの理由がある」という視点で、相手のことを見ることができるようになります。そして、自分の考えや事情とどのように折り合いをつければうまくいくのかを考え、新しい方法を生むことができるようになってきます。

相手の考え方や行動の意図を汲むためにはある程度の訓練が必要ですが、寛容性を手にすることで人間関係は格段に楽になりますから、積極的に、訓練を重ねていきましょう。

はじめのうちは自分と似た人の意図以外はなかなか汲み取れないかもしれませんが、訓練を重ねることによって、徐々に自分から離れた人、自分とは違う弱みを持つ人に対しても理解ができるようになっていきます。

自分も未熟だから誰かに助けてもらい、誰かに助けてもらった分、他の誰かを助けるという助け合いの輪を広げていきましょう。

待つことに慣れる

私たちが寛容さを保てない最大の理由は、あらゆることに対して結果を急ぐことにあります。そう、すぐに結果がほしいわけですね。結果がないというのは、非常に中途半端な状態ですから、不安になりやすいのです。

そして、不安になってしまうと、他のことが手につかなくなったり、ネガティブな結果を想像してより不安になったりします。だからこそ、多少間違っていたとしても、「今すぐ結果がほしい」わけです。

今の社会には、この衝動性を助長する社会構造ができてしまっています。

ほとんどのことに対して、待たずにクリックひとつで進めることができる世の中に慣れてしまっているため、「待つ」「熟考する」ということができなくなってしまっているのです。

しかしながら、ほとんどの場合、人間関係において「まだ回答が得られない」「どうするか決まっていない」という曖昧な状態が数日続いたとしても、ネガティブな結果になることはほとんどありません。むしろ、自分の都合で結果を出すことを急ぎ過ぎた結果、よい回答が得られないことはよくあります。

もちろん、即座に決断が必要な場面はありますから、**状況を見極めることは大切なのですが、「数日待ってみる」ということを訓練していく**ことで、他の人に対する寛容さを持つことができます。

自分と同等の能力を相手に求めない

日ごろから、目標を設定してコツコツ努力していける人ほど、相手にも同じ力や成果を出すことを要求してしまいがちです。

たとえば、家事や片づけなどが得意で、細やかな人の場合、片づけられない人や上手に家事ができない人に対して不寛容になりがちです。相手の代わりにやってしまうのは簡単ですし、やってしまった後でどうして私のようにできないんだろうと、相手に対して腹を立てるのも簡単ですが、相手への寛容さがあれば、どうしたら相手がもう少し自分の力でできるようになるかということを考えることもできます。それが難しくても、相手と自分の間で、強み、弱みをカバーし合い、それぞれ分担することもできるようになります。

自分にできないことを「なぜできないの？」「やってもらわないと困る」と言われると非常に困りますよね。

同じように、**自分には簡単にできるからといって、できない相手に強要しない**ことです。

ゆとりあるスケジュールを立てる

寛容さを手にするために必要なことは、他にもあります。たとえば、自分の心と時間のゆとりを得ることです。

私たちは、心や時間、体の調子、何かしらの人間関係のトラブルなどを抱えていると、いとも簡単に寛容さを失ってしまいます。

以前、私が、講演の仕事を引き受けたときのこと。講演の前日に、矯正によって弱くなっていた歯が割れてしまい、次の通院日が講演の翌日だったこともあって、歯がズキズキした状態のまま講演をしなくてはならなくなったことがあります。

痛みが続いているという状況は、私にとって望ましいことではもちろんなく、自分でも驚くくらいにイライラしていて、攻撃的になっていました。

ですから、普段寛容な人であったとしても、追い込まれていたり、痛みがあったりするとどうしても寛容でいられなくなります。

逆に、もともとせっかちでイライラしがちで何事もすぐに結果がほしい人であったとしても、ものごとがうまくいっていて、時間に余裕があり、心身が健康な状態であれば、普段よりも寛容でいられたりもします。

自分の寛容さを保つために、心身の健康を保つこと、そして、すべてがギリギリにならないようなゆとりあるスケジュールを立てることが大切です。

相手の話を遮らずに
丁寧に耳を傾けるだけで
好感度は勝手に爆上がりする。

相手の話はただ聞けばいい

人間関係でのトラブルやストレスは、それぞれの立場や価値観、能力の違いによって起こります。

だからこそ、自分の考えを軸に状況を俯瞰して捉えながら、相手の立場や気持ちになって考える必要があるのですが、多くの人は自分の狭い価値観や考えに囚われて、相手の価値観や考えを丁寧に聞くことを疎かにしがちです。

また、結論ありきで進めようとすると、お互いの理解が進まず、齟齬《そご》が生じてしまい結局うまくいきません。結論を出すことよりも、まずは丁寧に傾聴することを大切にし、相手とのつながりや信頼関係を築いていきましょう。

自分の価値観と相手の価値観を擦り合わせるためには傾聴することが必須です。

しかし、**傾聴力というのは、誰もが生まれながらにして持っているわけではありません。**

傾聴というと、慣れていない人にとっては「相手が話すことにとにかく合わせて、自分は言いたいことも言わずに我慢すること」と捉えがちですが、そうではありません。相手のことを否定せずにちゃんと聞くだけで十分傾聴と言えます。

私たちは、普段から人に話を聞いてもらえていませんし、否定の嵐の中で生きています。そして人は誰もが、他人から干渉はされたくないが、自分の話は十分に聞いてほしいと願っているのです。占い師やカウンセラーが人気なのはそのためです。

特にトラブルを抱えている人は、気の置けない人がいたらすぐに、そのトラブルの内容を話したいものです。ここで大切なのは、「相談がある」と言っていたとしても、相手に対して「解決策を見つけてほしい」とは思っていないということ。

話すことは、手放すこと。

ただただ、その**トラブルについて自分ひとりで抱え込んでいるのがつら過ぎるので、人に打ち明けたい。ただそれだけ**なのです。

問題を打ち明ける過程の中で、自然と俯瞰することができるようになり、気持ちも整理されてきて、なんとなく自己解決していきますから、私たちはただ傾聴し、その自己解決のプロセスの伴走者になればよいのです。

傾聴するスキルを磨いてこなかったという人は、今こそ、そのスキルを磨くチャンスだと考えて取り組んでみてください。もちろん、傾聴することに慣れていない人が傾聴力を高めようとすると、最初のうちは相手の話をしっかりと聞くことに苦痛を感じるかもしれません。

しかし、相手の話をよく理解した方が、結果的には関係性がよくなり、よいアウトプットに結びつきやすいので、コストパフォーマンスとしてもよいのです。

会話泥棒合戦をしない

私が傾聴力に強い関心を持ったのは、先に紹介した『7つの習慣』の著者で、経営コンサルタントのスティーブン・R・コヴィー博士が来日されたときに、ご本人に「7つの習慣が身についていない人と対峙するにはどうしたらいいのか？」と質問したところ、「傾聴と忍耐です」という答えが返ってきたことからです。

それ以降、傾聴に関する本を読んだり、傾聴を心がけたりすることによって、確かに人間関係の質は向上していき、物事がうまく回るようになりました。

傾聴で大切なのは文字通り、「相手の話に耳を傾けること」ですが、傾聴を意識していない多くの人は、聞いているうちに自分の話をしたくなるものです。

相手の話を聞いているうちに「それは違う」「自分の意見はこうだ」と、反論したくなってしまい、次に自分が「言ってやろう」と思うことで頭がいっぱいになってしまうのです。

これを繰り返していると、相手との信頼関係が崩れていきますし、だんだんと話をしてくれなくなっていきます。

これは、傾聴ではなく、自分が言いたいことを言うために聞いているだけです。**傾聴するということは、相手の話を否定せず、相手をジャッジしないこと**だと心得ましょう。まず、相手の話を正確に、よく聞くようにします。

また、「聞いているふり」も相手にはすぐに伝わります。

聞き方に関する本もたくさん出ていて、相槌を打つとか共感する、相手の言ったことをオウム返しするなどの技術が書かれていると思いますが、これらのテクニックを使って聞いたふりをしても相手は「聞いてもらえた」とは思ってくれません。さらに、相手が話していることを自分の価値観で勝手に受け取ってしまうと、会話がチグハグになり、これもまた相手は「聞いてもらえた」とは思えないでしょう。

余計なアドバイスは「クソバイス」になる

人の話を聞くときにもうひとつ注意するポイントがあります。それは、頼まれてもいないアドバイスをしないことです。

スキル1でお伝えしたように、「あなたのためを思って」とアドバイスをしてくる人というのは相手から見ると「困った人」に分類されます。

私も時折この頼んでもいないアドバイスに遭遇します。

たとえば、愛車のアリアでドライブや旅行をする合間に、運転席のヘッドレストを取って運転席のシートを前に倒し、後部座席との間にテーブルを渡して仕事をすることがあります。その話をすると、しばしば「ヘッドレストを抜いていると交通違反になりますよ、やめたほうがいいですよ」と、言われます。

これは、相手は「止まっているときにのみそうしている」という私の話を正確に聞いておらず、さらに、頼んでもいないアドバイスをしてくるわけです。

私はこうした余計なアドバイスのことを、口は悪いのですが、「クソバイス」と表現しています。

もちろん、相手の話を聞いているうちに、どうしてもアドバイスがしたくなることはあると思います。その場合は、「自分を主語にして話すこと」です。たとえば、「私はヘッドレストを外すと交通違反になる可能性があるので、気をつけています」というように自分を主語にして話せば、軋轢は生まれにくいでしょう。

相手が話していることや相手の領域に土足で踏み込まないこと。

これは傾聴のマナーだと考えましょう。

傾聴は幸福度に直結している

以前、「アイアンマンカップ」といわれる、アイアンのみを使うゴルフの決勝に出ていて改めて感じたことがあります。

ゴルフがなぜ多くの人に愛されるのか、社交場として大切にされるのか。それは、打つ間の雑談にあるのだということです。

日常から少し距離を取った緑の多い空間の中で、相手の話を聞き、自分の話も丁寧に聞いてもらえる時間というのは、実はゴルフでボールを打つ以上に心が癒され、解放されます。ひとりで黙々と練習をしたり、シミュレーションをしたりしても、ちょっと寂しいのです。

女性の活躍推進やワーク・ライフ・バランス、少子化などを研究する米シカゴ大学の社会学者山口一男教授の研究によると、平日に夫婦の会話が１日あたり15分程度増えるだけで、月収が10万円上がったのと同じだけの夫婦関係満足度が得られるといいます。

私たちは幸せになろうとするときに、どうしても「もっとお金があったら」と考えがちですが、身近な人とのつながり、特に会話のつながりを大切にすることに着目する必要があるのではないでしょうか。

実践3

傾聴力を磨く

私たちは、生まれながらにして傾聴ができるわけではありません。多くの人は、相手の話を聞いているふりをして、次に自分が何を言おうかと考えています。相手の話も、自分が話したいことを話すためのきっかけになっていて、相手の話をきちんとじっくり聞こうとしている人は少ないのです。

だからこそ「傾聴力」は身につけるべきスキルです。スキルアップする度に、人間関係において有利なポジションに立つことができるようになります。

まずは、「相手の話をきちんと聞き、理解する」ということを意識することから始めてみてください。

傾聴を重ねることによって、相手から信頼されたり、好印象を持たれたり、柔らかく対応してくれるようになるのを体感できたり、いろいろと自分にとってよいことが起きるようになってくるでしょう。徐々に傾聴が習慣になっていきます。

「この人には安心して話せる」
そう思わせてくれる人に
人は好意を抱き、やさしくなる。

安全な会話を心がける

私たちは社会的な動物ですから、無意識に、常に誰かとつながっていたいと思っています。

しかし、つながった**相手に対して心理的な安全性を保てないと、「戦うか逃げ出すか」という行動を行いがち**です。

心理的安全性というのは、少なくとも相手とつながっているときに、「相手が自分のことを攻撃しない」と信じていられることです。

それは、「自分の会話を否定されない」、あるいは「途中で遮られない」ということが保証されているかどうかが重要なポイントになります。

そして、安心して話せる場所が確保できると、人は「手放したくない」と思いますし、相手に対して信頼感を覚えます。

それがそのまま私たちの価値となります。

相手の話に興味を持つ

私たちは自分に関係ないと感じる話や、自分の意見とはまったく違うこと、理解できないことについては、ついつい耳を閉じたくなってしまいますが、**「傾聴」とは、相手に興味を持ち、相手の話に興味を持つこと**です。

相手が自分にとっては興味のないことを話しているときは、話の内容ではなく、「相手がなぜその話をしたいのか」「なぜその話を自分にするのか」ということに興味を持って相手と自分の間に信頼の架け橋を作るようにしてみてください。

また、私たちは、自分の価値観とは異なる人や話に対して、批判したくなったり、あるいは批判しないまでも、相手の問題点を教えようとしたり、上から目線でアドバイスしようとしてしまいがちです。

ただ、きちんと相手の話を聞いて理解しようとしているうちに、相手が本当は何を考えていて、何を悩んでいるのかが理解できるようになってきます。相手がアドバイスを望んでいるのかどうかも、しっかり傾聴していることでわかるようになってくるので、余計な指摘をしたりアドバイスをしたりすることもなくなっていきます。

できる限りリアルで話をする

傾聴のスキルが低いうちは特に、オフラインで直接会うことを心がけましょう。

私たちは、普段、言葉だけでコミュニケーションをしているわけではなく、非言語情報や声のトーン、ニュアンスに敏感に反応しています。言葉では「いいよ」と言っていても、体が明らかに拒否していたり、なるべく早く話を打ち切りたかったりというような雰囲気を私たちは感じ取ることができます。


人と会話をするというのはダンスをすることだとイメージするとわかりやすいと思います。

実際に目の前にいる人とダンスをするのはさほど難しいことではありませんが、オンラインで踊ろうとすると途端に難しくなりますよね。ましてや、インターネット通話のような形で相手の姿も見えずに品質の悪い音声だけで通話をしようとした場合には、ダンスのしようがありません。

会話とは相手とダンスをすることであると考えると、相手に対してある程度こちらの要望を伝えることは決して悪いことではありません。聞き取りにくかった場合には、少し大きな声で話をしてもらったり、ゆっくり話をしてもらったりということを相手に要望することは決して無礼ではないのです。それよりも、きちんと相手の話を聞く態勢が取れていることが大切です。

相手が「この人は自分のことをまったく否定せずに聞いてくれる」「自分の弱いところをさらけ出したとしても、必ず味方になってくれる」という安心感が持てるように振る舞いましょう。

実践4

互いの心理的安全性を確保する

会話を遮らず否定しない

私たちは、人の話を聞いたときに自分の意見と違っていると感じたり、自分の方がよりよい考えを持っていると感じたりすると、その瞬間、相手を否定しにかかってしまいます。

自分自身を振り返ってみてください。人と話しているときに、つい相手を批判してしまう傾向があるなら要注意です。なぜかというと、相手を批判しがちな人は、自分に対しても普段から否定的であることが多いからです。その思考習慣が、相手との会話でもつい出てしまうのです。普段から、自分に対しても、相手に対しても否定しないことを心がけましょう。

アドバイスをしたくなったら、自分を主語にする

先に、余計なアドバイスは「クソバイス」になるとお話ししました。特に相手が一生懸命自分のチャレンジややっていることについて話しているときに、「そのやり方は間違っているよ」「この方法の方がいいよ」と否定的なアドバイスすることは慎みましょう。

逆の立場になってみればよくわかるのですが、こちらの話をちゃんと聞く前に、アドバイスをしようとする人に対して、私たちは「自分のことを否定された」と感じます。

まずは「相手の話をしっかり聞く」ことを意識してみてください。

そしてどうしても相手にアドバイスしたくなったら「私はこう思う」と自分を主語にして伝えましょう。

どうしても賛同できないときは離れる

相手の話がどうしても、自分が賛同できない話であった場合にどうするかというと、能動的に黙りましょう。とにかく、黙って相手の話を聞くのです。賛同する必要も、相手を称賛する必要もありません。

「傾聴」は、相手を否定せずに、ちゃんと聞くというだけで十分なのです。

そして、どうしても話の内容を聞き続けるのがつらいと思ったら、時間を切り上げたり「予定があるので」と離れたりするなどしましょう。

スキル4
まとめ

寛容さを手に入れる

弱みを認めてくれて、
自分の話を聞いてくれる。
そんな人になれば、
友だちになりたいと
思ってくれる人が現われる。

スキル5

思いやり力で幸せになる

他者を思いやれるようになると、私たちの幸福度は劇的にアップする。

見ず知らずの人への親切や
周囲への思いやりが
あなたをもっと幸福にする。

思いやりは人生を幸福にする

これまでコミュニケーションのスキルを上げるために、「自分と相手を分けて考える」ということを伝えてきました。

相手には相手の価値観があり、考え方があり、捉え方があるということを理解してアサーティブなコミュニケーションが取れるようになったら、「思いやり力」を使って、今度は、自分が大切に扱う範囲を他者にまで広げることができます。

「思いやり」とは自分と他人の区別をせず、他人のことも自分のことのように扱い、自分と同じぐらいか、それ以上に大事にすることです。

相手と自分との間に線引きをした状態のまま、自分が穏やかに過ごせる世界を広く拡張していくことだと考えてみてください。

人や社会の幸せについて、心理学や経済学、教育学などの視点で考える学問「幸福学」の中では、まったく見返りを求めない「見ず知らずの人への親切」を行うことによって幸福を得られることがわかっています。

そして、思いやりもまた、互いに思いやることによって幸福感を得ることができ、心と体に健康をもたらします。

私たちは、他者とのつながりを持ち、お互いに価値のある存在であり、重要な存在であることを認め、大切に扱うことによって、「認められている」「居場所がある」「大切にされている」という感覚を積み上げていくことができます。

思いやりが必要な場所やタイミングというのはあらゆる人間関係に発生します。思いやりとは、リーダーシップを発揮するための技術であり、チームワークを円滑に行うための技術であるといえます。

自己肯定感を上げるのが先

また、人を思いやることで自然と自己肯定感が上がりますが、**普段から自己肯定感が満たさ**

れていない人は他人を思いやることができません。

自己肯定感が満たされていないうちは、他者に対して思いやりを発揮する前に、他者を下げてでも自分の肯定感を満たそうと安易な行動をしてしまう傾向にあるからです。

思いやりがある人は自己肯定感が上がり、自己肯定感があるからこそ他人を思いやることができるという好循環になっていきますが、自己肯定感が低いとこの逆が起きるわけです。

実は、「他者を下げて自分を上げる」という行動は、依存の一種です。それによって簡単に得られる束の間の自己肯定感や快感を覚えてしまうと、脳が無意識にその行動を欲するようになります。

人の不幸で自己肯定感を上げない

テレビのワイドショーでは他人の不幸が煽情的に放送され続けています。それは、私たちが他人の不幸によって自己肯定感を上げようとするニーズに応えているからではないかと感じることがあります。

ネットなどで叩かれている人を見て、「私はまだマシ」だとか、世界の悲惨な状況や事件を見て「私は巻き込まれていない」と確認してホッとし、自己肯定感を上げるために、人の不幸を利用してしまっているのではないでしょうか。

これを、思いやりによって自己肯定感を高め合うよい循環に持っていくには、意識と訓練が必要です。「他人を下げて自分を上げる」ということをしていないか、常に振り返りましょう。

そして、そのような思考、言動、行動から遠ざかるようにし、**他の人を幸せにすることで、自分も幸せになれるという好循環を持てるようになっていきましょう。**

実践
1

思いやりを発揮するための土台づくり

「よい依存」を生み出す

他者を下げることによって自分の自己肯定感を上げていることをしていないかどうか、自分を振り返ってみてください。

もしこのような状況に陥っていることに気づいたら、私たちが他人を下げて自己肯定感を得るのではなく、他人を上げることによって幸せになるという好循環を自分の中に組み立てることを意識してみましょう。

それを習慣にしていき、他人を下げて自分を幸せにするという悪癖を自分の中から消し去ることが重要です。

正義と思いやりは紙一重

思いやりとは、相手を自分のことのように大切に扱うことを指しますが、同時に、多様性を認めて他人と自分を分けて考え、自分自身の行動に責任を持つ必要があります。

なぜかというと、自分は自分、他人は他人ということである程度切り離して考えられないまま、思いやりを発揮しようとすると、他人に対しても厳しくなってしまうという不幸が生じてしまうからです。

たとえば、ルールを守らずに思いやりのない行動をしている人がいたときに、思いやりのある人ほど、その行動が目につき、その人に対して思いやりを要求したり批判したり、行き過ぎると怒りをあらわにして糾弾したりしてしまいます。

思いやりというのは「社会的にお互いを助け合う心」のことですが、これが一歩間違ってしまうと助け合わない人やルール違反した人に対して処罰をしようという考えになってしまいます。

さまざまな形で職場やクラスなどでいじめがある場合にも、本人たちはいじめをしていると
いうよりは、何らかの形でその集団の場を乱した人に対して罰を与えている、自分は正義であ
るとすら思っている可能性が高いのです。

親切心や思いやりがある人ほど、「処罰感情」に気をつけ、相手に同程度かそれ以上の思いやりを期待することをしないということを徹底的に心がけましょう。

自己犠牲を伴う
思いやりは続かない。
あくまでも対等の関係を
意識する。

思いやりを搾取されないよう意識する

思いやりは見返りを求めずに自分のために行うものだと説明しましたが、思いやりを持って他人に尽くし過ぎると、相手から一方的に搾取されてしまうことがあります。

自分が負担のない範囲、喜んでできる範囲で思いやりを発揮して、相手が喜んでくれるという、お互いの喜びがフィフティフィフティ、対等がちょうどいいことを意識しておきましょう。思いやりは、お互いの関係性の中で、互いのＷｉｎ（得）とＷｉｎ（得）を追求することであり、互いの妥協点を探して譲り合うことだと思って取り組んでみてください。

思いやりを持って人と接すると考えるときに、「相手のために１００％尽くそう」とか「相手の１００％望みをかなえてあげよう」と思うと、私たちは途端に苦しくなってしまいます。

「思いやり」というと、多くの人が自己犠牲をイメージしがちですが、自己犠牲の必要はまったくありません。むしろ、**自己犠牲をする思いやりというのは続かない**ので自己犠牲は最初からしないことです。「相手と自分は常に立場が対等である」ということを意識して「思いやりを展開する」のです。

たとえば仕事の打ち合わせの場所や時間を決める際に、お互いの都合を考えて決めていくのも、思いやりのある行動です。私たちはすでにあらゆる人間関係において、自然に思いやりを発揮しているのです。

人の気持ちをわかったつもりにならない

思いやりを組み立てる上で重要なのが、「人の気持ちをわかったつもりにならないこと」です。人の話を傾聴し、互いの関係性の中にある課題を理解したとしても、**人の気持ちを100%理解するのは不可能**です。

人の気持ちがわかったと思うことはあるかもしれませんが、それは基本的に錯覚であると認識しておきましょう。

思いやりを実行するときに私が推奨しているのは、「原則として人の気持ちはわからない」ということを考えながら、それでもそこからどうやって思いやりを発揮するかという二段構えで考えていくことです。

自分の錯覚を元にして、仮説を立てて相手とコミュニケーションを取り、その錯覚が本当に正しいのか確認しながら、思いやりのある行動や言動を行っていくわけです。

言葉に頼り過ぎると、互いの解釈がまったく異なったときによい結果につながりませんから、常に私たちは「相手は、わかり合えない存在である」ということを前提としたコミュニケーションを行い、思いやりを実行する必要があります。


子育て経験やペットを飼ったことがある人は、まったく言葉が通じない相手の考えを察したり、行動を観察したりして、自分がどのような思いやりを発揮すれば、自分と相手にとって快適な時間や空間がつくれるかを考えて実行しています。これが、知らず知らずのうちに思いやりを発揮する訓練になっています。

子どもやペットがいなくても、相手のことを勝手にわかった気にならずに、互いのよい関係性を追求しているときは、すでに思いやりを発揮しているのです。

人を批判しない習慣を身につける

私たちは、自分のプライドや尊厳を傷つけられることに対して非常に敏感です。相手の言葉にちょっとでも引っ掛かることがあると、心に言葉の棘がチクチクと刺さり、傷ついてしまいます。

以前、私が引っ越し作業をしているときに、SNSで「もうめんどうだから、貴重品とパスポートと、ちろちゃん（飼い猫）といちごちゃん（オカメインコ）だけ運んで引っ越したい」と、比喩的な表現をしたところ、それを真に受けた方から、「ええっ、子どもの思い出の品とかはどうするのですか」というレスが入りました。もちろん、そのレスは、本気で私の心配をしてくださったのだと思います。

実際はどうだったかというと、子どものアルバムはすでに箱詰めしてあり、倉庫に送る手配をしてありました。子どもが結婚するときに持っていってもらうつもりで、子どもにも伝えてありましたので何も問題はなかったのです。

しかし私はそのレスを見て、「子どもの思い出の品さえ捨ててしまうような冷たい親」と思われたように感じてしまい、少し傷ついてしまいました。

このように、**人はいとも簡単に他者からの言葉で傷つきます。**これは自分にも、相手にも同じことが言えるわけです。

だからこそ、意識的にも無意識的にも、**人に対して非難をしない習慣を身につけることが大切です。**一般論としての非難ならまだしも、**特定の個人に対して、批判や、非難に取られるような意見をするのは基本的にはしない**ことです。

もちろん、SNSなどでどうしても自分の意見を言いたいことはあるかもしれません。そのようなときは、まず肯定し、次にユーモアに包むことです。先ほどの私の例であれば「わかるわー、私もそうしたい。でもできないのがめんどうだよねー。ほんと、子どものものとか特に大変」などとレスすれば、同じ意図でも、まったく違う伝わり方をします。

言葉の使い方や発信に気をつける

私たちは、無意識に相手を傷つけてしまうことがあります。

それは、相手がどう受け取るかによって変わるため、完全に防ぐことはできませんが、あらかた予想がつくこともあります。それは、**「このことを言ったら、相手がどう取るのか」について、発言する前に立ち止まって考えてみる**ことです。それによって、「あ、これは批判的に聞こえるかもしれない」と気づくことができます。

また、SNSなどでは、レスをすることで自分の正しさを証明しようとしたり、「こうしたらもっとうまくいくよ」と勝手にアドバイスをはじめたり、「私はこうしていたけどこうだった」と、自分語りに持っていく人もいますが、相手が「これについてアドバイスがあればお願いします」などと書いていない限り、そのアドバイスは、正直、言い方は悪いですが「クソバイス」になることがほとんどだと認識して慎みましょう。

人は望んでもいないアドバイスをもらうことを非常に嫌いますし、自分を否定されたと感じたり、批判的に受け取る傾向があったりします。

実践
2

相手に批判と取られる発言を慎む

相手のことを自分のことのように考える

自分が常に正しい行動をしていると思っている人ほど、相手に対して処罰感情が働いてしまい、相手を非難したり、批判したりしがちです。

また、SNSでは流れてきた内容についてあまり考えもせずに、「それは違うと思う！」と否定したり、「私はこうしましたよ」とアドバイスを送ったりしがちです。

送信する前に、読み手にとってどのような影響を与えるのかを考察してみてください。

思いやりの基本というのは、相手のことを自分のことのように考えることです。

誰にでも、自分の近況をアップしただけなのに、なぜか、嫌な気持ちになったレスがあるのではないでしょうか。自分が相手だったら、そのレスに対してどう感じるのか――。それについて考えていること自体がすでに思いやりなのです。

思いやりは「あたりまえ」になる

見ず知らずの人に親切な行動をするのと同じく、思いやりも習慣化していくのがよいと考えています。そして、それは自分にとって一番気持ちのよい状態を作るということでもあります。

また、他人への思いやりと自分への思いやりは常にセットです。

周りの人を観察しながら、どのような行動が人にとって気持ちがよいのか、自分にとって気持ちがよいのかを考えて、それを一つひとつ実行し、積み重ねていきます。そして、毎回実行できた自分を自分で褒めるのです。

「人を思いやることと、自分を思いやることが嬉しい」という感覚が一体化するようにして生活していると、そのうち、自分にとってただあたりまえにやっていることが、人から見ると思いやりがある行動になっていきます。

相手との境界線を越えずに、
見返りのない親切を行うと
自分のことも好きになれる。

親切は自分と相手の「幸せの種」

私たちは、誰もが幸せの種を持っていて、さまざまな方法で人間関係の「幸せの種」を蒔くことができます。

そして、**幸せの種を蒔く効果的な方法は、「見ず知らずの人に対して、見返りをまったく期待しない親切を実行し続けること」**です。

私たち人間はまったく知らない人のために親切な行いができる動物です。

親切の種を蒔くと、親切にした側も、された側も、ほっこりした気持ちになり、感謝や穏やかさ、幸せの芽が出ます。

幸せの種を蒔き続けることで、私たちは、いつも幸せな気持ちでいることができるようになります。

見返りのない親切を行うには、自分の寛容さを発揮する必要があります。自分ができる範囲で、気軽に親切を繰り返せるかどうかが、寛容な自分を作るための素地になると考えているからです。

それには、まず、**自分と相手をきちんと切り離す**必要があります。そうすることで、相手によって態度を変えるのではなく、寛容で思いやりのある自分であり続けることができます。自分にとって可能な範囲の寛容さを、いつも意識し、いつでも親切な行動ができるようにイメージトレーニングをしておけばいいのです。

そして、他者に対して行う親切について、過度の期待をせずに実行していくことで、相手が何かしら応えてくれたときにラッキーだと思えるようになりますし、親切を行うことに気負わなくなります。

親切は自己肯定感をアップする

見返りのない小さな親切を実行し続けることは、自己肯定感をアップするのに効果があります。

たとえば私は、ビジネスホテルに泊まってチェックアウトする際に、後で掃除に入る人が、使用済みのタオルと未使用のタオルの区別がつくようにし、ゴミの分類もわかりやすいようにして、部屋を出るようにしています。

一つひとつの部屋の清掃の時間というのは決まっていますから、清掃の方がスムーズに清掃を終えて、スムーズに次に移ることができます。

このように心がけるようになったきっかけは、以前、ビジネスホテルで働いている人が、「冷蔵庫の中に残ったものが忘れ物なのか、ゴミなのかを確認するのが大変なんですよ」と話していたことです。それからは、清掃の方が判断に迷わないように配慮するようになりました。

これらの一つひとつの行動は、自己満足に過ぎないかもしれません。

また、誰かが褒めてくれるわけでもありませんし、二度と会うことのない人に対する行動かもしれませんが、自分ができる範囲でできることをしたことで、後々誰かの役に立っているかもしれないと思うだけで、なんだかワクワクして嬉しくなります。

もちろん、自分が肉体的な負担や金銭的な負担をかけてまで人に尽くす必要はありません。

ただ、自分が無理せずできる範囲のことであれば、見返りを求めずにやれることをささやかでもやり続けているうちに、自分の幸せもどんどん増えていきますし、結果として、自分の寛容さも上がっていくものです。

実践3 見返りのない親切の受け渡しで幸せになる

世の中は親切にあふれていますし、私たちが親切を発揮すればするほど生きやすくなります。親切もやさしさもスキルです。日常生活の中で少しずつ心がけて訓練をしながら高めていくものだと考えてスキルアップしていきましょう。

ただ、親切は、自己犠牲を払ってまで行うのではなく、自分の余力の範囲で安全な範囲でできることを行うようにしましょう。いやいや行う親切には感謝の心が生まれずに、むしろ相手に対する恨みになってしまいます。自分にとって気持ちよくできる範囲で親切な行動をとってみてください。

たとえば、電車に乗ったときに自分以外のより困っている人に席を譲るとか、待ち合わせや締め切りには必ず遅れないようにするといったことなども、十分に親切心を発揮していることになります。

相手からの親切に感謝の気持ちを表す

他者との関係性に感謝できるようになると、他者とのつながりは緊密になり、自分自身の幸福度も増していきます。私は、そのことに気づいた40代以降、誰にでも挨拶をするようになりました。

宅配便の方、コンビニエンスストアのレジの方、何か物を運んできてくれているレストランの方、すべての方に対して感謝するようになり、「今日はありがとうございます」「ごちそうさまでした」「お疲れ様でした」という言葉が、常に心から出るようになっています。

人は周囲のいろいろな方から助けられています。自分の周りにあるものに対して感謝をし、喜びを感じるメンタリティが必要だと考えています。

「何に感謝できるか」と考えるとき、その材料は周囲にいくらでも存在していることに気づきます。私たちは、そこからいくらでも感謝と喜びを生み出すことができるようになります。

スキル5
まとめ

思いやり力で幸せになる

思いやりや親切は、おせっかいにならないよう気を配り、自分に無理のない範囲で行う。

スキル6

適切に伝える技術を磨く

言いたいことが的確に伝えられれば、人間関係のストレスはゼロになる。

自分の気持ちは、
言葉で的確に伝えない限り
伝わらないと知る。

思っているだけでは伝わらない

お伝えしてきたように、私たちはエスパーではありませんし、相手ももちろんエスパーではありません。心の中で思っているだけでは、相手には何も伝わっていないと考え、「察してほしい」と願うことをやめましょう。

「そのぐらいは言わなくてもわかるだろう」ということは、ほぼ伝わっていないということをまず理解し、丁寧に伝えていく方がコミュニケーションはうまくいきますし、人間関係のストレスやトラブルも激減します。

私たちは、人と関わるときに、相手は自分の心の中の微細な動きを感知してくれているものだと錯覚しています。

これを「透明性の錯覚」といいます。

しかし、実際はそうではありませんよね。当然ながら、他者の気持ちが透けて見えることはありません。相手は私たちの心を読めない上に、人はそこまで他者の心の中には興味がないので、私たちの心の中は、相手にはまったく伝わっていないことがほとんどです。

さらに、**私たちは自分が熟知していることについて無意識に「相手もそれをよく知っている」と思い込む傾向があります。**そして、つい知っていることを前提に話をしてしまい、説明を省略しがちです。そうすると当然ながら伝えたいことは伝わりません。

私もこれをいまだに時折やってしまうのですが、前もって持っている知識が違うので、こちらが話す内容について相手が正確に理解できるわけではないことを意識しておく必要があります。

コミュニケーションを双方向にする

私たちが相手に「自分が思っているような理解度」を求めるときは、コミュニケーションを双方向にする必要があります。ただ伝えればいいというわけではなく、理解してもらうことを目的にして「伝える作戦」を練りましょう。

たとえば、専門性の高いことなどについて会話しているとき、「もし理解できないことがあったらすぐに話を止めてね」と伝えておくなどの工夫が必要かもしれませんし、相手の様子を観察して非言語情報を読み取りながら話す必要も出てくるかもしれません。ざっくり説明したあとに、相手からわからないことについて適宜質問してもらうのもよい方法です。

あくまで私の体感ですが、大切なことをひとつ伝えるためには言い方を変えながら3回くらい補足をすると相手に「わかった」というところまで理解を促すことができます。

逆に言うと、**相手は自分が「これくらいは理解できているだろう」と思っている範囲の1／3くらいを理解していると考えて、対策を取っていきましょう。**

メールやブログも相手をイメージする

直接会って話すだけでなく、SNSやブログ、メールなどでもコミュニケーションを双方向にする努力は必要です。

まとまった文章を書くときも、ただのひとり語りにならずに、相手が相槌を打つ余地を残しておくことです。相手からどのような言葉が返ってくるだろうと考えて紡ぐ言葉と、そうでなく独り言のようにただ自分の思いが綴られているだけの言葉には、やはり印象にも、伝わり方にも違いが出てきます。

私が勝間塾で毎日送信しているサポートメールは1日4000字程度になるのですが、段落を多めに設定し、段落ごとに区切りをつけたり、段落と段落の間に接続詞を入れたりしています。なぜそうするのかというと、読んでくれている人が頭の中で何かを答えてくれていることをイメージしながら、私の中では読み手と会話しながら進めているからです。

内容を絞り込んで伝える

私たちは自分にとって「あまりよく知らない分野」について、どれだけ丁寧に説明されたとしても短時間では頭に入らないと理解しましょう。

ですから、**的確に相手に伝えたいことを伝え、理解してもらうためには「内容を絞り込むこと」**が非常に重要です。相手にはこれくらい理解できるであろうという最大分量を見込んで、その範囲内の情報に絞って伝えるのです。

たとえば、フレンチのコース料理をイメージしてみてください。一流のシェフは、相手の食べっぷりや残している量などを見ながら、出すタイミングや全体の量をコントロールしていますね。

それでも私たちは、ついついコース料理を食べ過ぎて、あとで胃もたれをして後悔することがあります。

情報もこれと同じだと考えてみてください。相手が十分に咀嚼《そしゃく》できて、味わえて、さらに少し物足りないくらいに留めておいたほうが、さらなる理解を深めようという意欲を残すことができます。

実践1

自分の心の内を伝える

3つのことを意識する

人と話す機会があるときに、次のことを意識してみましょう。

1．相手も自分も「他者の心の内を読めるエスパーではない」と理解する
2．相手にわからないことがあったら質問してもらうようにあらかじめ段取る
3．相手に伝える情報量を相手の様子を見ながらコントロールする

人はみな短気。
最初に相手の興味を
引けるかどうかが鍵。

人はみな短気であると考える

簡潔で的確なコミュニケーションを意識するなら、**「人は誰もがみな短気である」**と知っておく必要があります。

こうお伝えすると「自分は短気ではない」と言う人もいるかもしれませんが、これはすぐに怒り出すとか、イライラするといった話とはまた別の話です。

私たちはそれぞれ自分にとって関心があることにフォーカスして生きているので、それ以外のことについて関心を持てるとしたら、せいぜい15秒くらいだということです。

多くのＣＭが15秒程度なのも、人が集中していられる時間が短いからです。

以前、比較的著名なパッケージデザイナーの友人も、「パッケージデザインというのは見て15秒でユーザーが中身について判断できなければいけない」と言っていました。

私たちが、普段、15秒ですべてを話し尽くすのは難しいとは思いますが、最初に興味を持ってもらうためには冒頭の話を工夫する必要があります。

それがそのまま、相手の時間を大切にしているという「思いやり」にもつながります。

相手の人生や文脈を考えて話す

自分以外の人との会話や情報共有は、「助け合い」だと考えてみてください。

そこには親切や思いやりと同じく、相互関係があれば幸福度が増していく仕組みであるといえます。

私たちはつい自分の言いたいことを自分の文脈で話してしまいがちですが、相手は自分にとって興味のあることや得になることを聞きたいと思っています。

自分のことをよく知らない人が持ってきた「耳よりな情報」は、自分にとって本当に耳よりなのかどうかすぐにはわかりませんし、役に立つ可能性は実際に低いことが多いです。

しかし、自分のことをよく知る人やその分野の専門家の人からの「耳寄りな情報」は、「とりあえず聞いてみよう」という気持ちになります。

私たちは、「自分の興味があることや自分に役立つことにしか基本的には興味がない」のです。

これを自分に対しても相手に対しても認めて理解しましょう。

その上で、自分が話す話が「相手の人生や相手の文脈において、どういう意味があるのか」について考えて、話す内容を組み立てましょう。

また、いくら相手が興味のある内容のことを伝えるとしても、相手がすでに知っていることについて話していては意味がありません。

相手に伝える情報は、「相手が興味を持っていて、なおかつ、まだ相手がそれほど詳しくない、または知らない情報」であることが大切です。

実践2

話す前に考えてみること

自分に対する3つの質問

・これまで、人に話をする際に、内容、伝え方、相手への配慮、それぞれ何割ずつを使っていたか。

・話すとき、相手への配慮を心がけ、「伝える」のではなく「伝わる」コミュニケーションをモットーとしてきたか。自分がたくさん知っていることを「伝えよう」としてかえって相手にとってわかりにくくなっていなかったか。

・聞き手に対して、自分のことを評価されているように感じ、よりよい自分を見せようと、つい内容を盛り込み過ぎたり、緊張し過ぎたりしていなかったか。

相手が知りたいことを話し、
話に参加できるように
工夫すれば
話し下手から卒業できる。

わかりやすさは「正しさ」ではない

「相手にわかりやすく伝える」ということは、「相手が興味を持っていることで、もう少し知りたいと思っていること」を、「相手が今持っている知識の中で理解できるように分解して、渡してあげる」という手続きのようなものです。

分解するときには、言葉や比喩が必要になってきます。さらに、ボディランゲージを加えるなどして「相手が直感的に理解できるようになる」ところまで持っていけたらゴールだと考えてください。

「どう伝えれば相手が腹落ちするか」と考えるとき、多くの人は「なるべく相手に正確に伝えよう」と苦労しますが、これは実は正解ではありません。

翻訳書に例えて考えてみてください。英語で書かれた書籍の文章をすべて正しく翻訳して、伝えようとすると、分量が多くなり過ぎてかえってわかりにくくなります。

これを、「翻案」のような形で相手に伝えようとするならば、情報量はグッと減ります。すべてを正確に伝えられなかったとしても、大筋は正しく理解でき、「腹落ち」するのです。

相手が主人公になれるように話す

あなたが話そうとしていることの本質を、まずあなたが掴み、どの部分は残してどの部分を強調して伝えるのか――。その強弱をあなた自身が「プロデュース」していってください。比喩やエピソードをふんだんに使うことによって、相手はあなたが伝えたいことを、自分の語感を使って体感することができ、その結果、「聞いた話」が「自分で擬似体験した話」に切り替わります。

それこそが、聞き手にとって話の主人公が「自分」になる瞬間です。

多くの人は、相手に話をするとき、「自分が主人公のまま話し続ける」という傾向がありますが、それだと相手は「あなたの話を聞き続ける」だけですぐに集中力を切らしてしまいます。ですから、**相手が主人公になれるように話を組み立てていく**のです。そうすることで、相手は「自分事」として話が聞けるようになり、内容も伝わりやすくなります。

相手が話に参加できるようにする

相手を主人公にして話す簡単な方法についてお伝えしましたが、具体的にどうやって相手の興味を引き出したり、比喩やストーリーを使ったりすればいいのか、わからないという方も多いでしょう。

実は、簡単な方法があります。

聞き手が大勢の場合は「相手が参加できるように、質問を定期的に投げる」ことです。

たとえば、私は外部の講演のときに必ず以下の質問を最初にします。

「今日はお集まりいただきありがとうございます。これから、1時間ほど、みなさんのお時間をいただくにあたり、まず、みなさんがどのくらい、私のことを知っているか知りたいので、簡単なアンケートを採らせてください」

「まず、私のことをテレビで見たことがあるという方、手を挙げてください」

ここで、ほとんどの人が手を挙げます。

さらにこのように話を振ります。

「ありがとうございます。私もみなさんに直接お会いできてうれしいです。では、次に、新聞でも雑誌でもウェブでも本でもいいので、何らかの形で私の書き物を読んだことがある方、手を挙げてください」

ここで手を挙げる人が大体2割くらいになります。

「ああ、そうなんですよね――。だいたい、8割方の人は、私が話している姿しか見ていませんが、実は、書き物の方が得意なのです！　では最後に、私の本を1冊でもいいから、読み通したという方は手を挙げてください」

ここで、大体10人くらいになります。

「わはは。そうなんです。500万部売れていると言っていますが、だいたい、同じ人が10冊とか20冊とか買っていて、読んでいる人はその半分以下なんです。だから、日本人のうち、私の本を読んでいるのは推定200万人くらいです。日本の人口の2％くらい。今日は300人くらいいらっしゃいますから、だいたい計算が合っていますね」

これによって私はその日会場にいる人がどのくらい私のことを知っているのかを知ることができます。参加者はというと、具体的な行動を自ら取ることで、受け身でなく講演に「参加」することになります。体を動かしてもらう、頭を使ってもらう、ということは、話を主体的に聞いてもらうことに、欠かせません。

講演自体に興味を持ってもらい、自分と相手との間に接点を見つけることができます。さらに、少し「笑い」を織り交ぜます。

「クイズ番組でセーラー服とか着ているおばさんという印象があると思いますが、実は本当の仕事は違うんですね――」という具合です。

最終目的も質問にしてみます。

「さて、みなさんはこちらの講演にどんな目的でいらっしゃったでしょうか？　貴重な週末にいらしてくださったのですから、何か目的があると思います」

ここで少し待って、相手が少し考えたかなあと思ったら、このように伝えます。

「興味本位とか、会社に言われたから、みたいな方が多いと思います。あるいは、テレビに出ている人が来たから、くらいですよね」

ここでちょっと苦笑いする人がいたり、うなずいたりしてくれる人がいたりもします。もう、完全に講演に参加していますよね。

最後は、「でも、せっかくいらしてくださったのですから、それでも『へぇー、そうなんだ。おー、よしよし、メモしよう』みたいなことを、ひとつでも二つでも、持ち帰っていただけたら、とってもうれしいです」

このような具合です。

これは、一対一の会話でももちろん使えるスキルです。

ミーティングやプレゼンなどの前に、「相手にどうやって参加してもらうか」「どんな質問をすればいいのか」について考えてみてください。

実践
3

相手を主人公にする話し方を意識する

自分は脚本家やプロデューサーに徹する

自分の伝えたいことを、自分を主人公にして伝え続けても相手の心には響きません。話の主人公は相手であり、自分は脚本家やプロデューサーであると考えて組み立ててみましょう。

相手が参加できるよう質問を繰り出す

・相手の興味を引き出せるのか
・こちらが相手のことを知ることができるのか
・相手を笑わせることができるのか

・相手にこちらの目的を伝えられるのか

これらについて、事前に考えてみてください。相手に投げられる質問をあらかじめできるだけ多く用意しておくと、その場の雰囲気に合わせ、使いわけながらいきいきと会話をすることができます。

日本語の能力を磨くと
コミュニケーションの魔法が
使えるようになる。

外国語ではなく母国語を鍛えよう

言葉というのは世界中で唯一の、自分の無意識と意識の架け橋をしてくれるツールです。また、相手とのコミュニケーションの大切なツールでもあり、思考にもコミュニケーションにも大きな影響を与えています。

だからこそ、人に簡潔に伝えるためには、ある程度の日本語力も必要です。

言語力というと、私たちは「英語を鍛えるか」に意識が行きがちですが、私たちが鍛える必要があるのはやはり母国語である日本語です。

私はサポートメールなどで、「言語というのは自分の過去の経験や蓄積を呼び起こす呪文のようなものである」と伝えています。

子どものころ、私たちはたくさんの物語を読みましたが、その中で、魔法使いが魔法を唱えるときに使っているのが呪文です。言葉に乗せて自分がしたいことに対して効果のある魔法を発動させているわけです。

私たちは残念ながら、本当に魔法を使うことができるわけではありませんが、言葉を持っていることによって、過去の知識を呼び起こして、相手に伝えるということができます。

これはただ言葉をたくさん知っている「ボキャブラリーが豊富」であることとは、イコールではありません。ボキャブラリーが豊富だったとしても、その言葉が自分の経験や知識と結びついていない限り、上辺だけの言葉になってしまい、聞く人の胸を打つことはできないのです。

私たちが日常の中でより高度な呪文を唱えられるようにするには、母国語である日本語力を磨く必要があります。

才能ある魔法使いにも見習いの期間があって、ファイアーボールのようなレベル1の魔法から少しずつ高度の魔法を唱えられるようになっていくように、私たちも少しずつ高度な魔法を使いこなせるように積み上げていくしかないのです。

たくさんの文章を読み、たくさんのボキャブラリーをマスターして何かの表現をする際には、どのようなものを使えばいいのか、**「言葉の知識」と「言葉の組み合わせの知識」を増やしていくのが、最も効果的に言語力を鍛える方法**です。

そして、言葉というのはアスリートにとっての筋肉のようなものですので、鍛えていないとあっという間に衰えて、人との会話がうまくいかなくなります。

実践4

言葉と言葉の組み合わせ方を鍛える

自分の1日を物語にして自分に伝える

私は、人と話をしたり、たくさんの文章を読んだりすることに加えて、毎日寝る前に「1日にあったできごとを思い出すこと」を推奨しています。

頭の中で、朝起きてから夜寝るまでにどのようなことがあったのか、自分の1日をストーリー仕立てにして自分に聞かせてあげるのです。

自分に対して、自分の物語を紡ぐわけですから、自分が持っている言葉を組み合わせる訓練になりますし、自分が持っている言葉でうまくその表現ができないときには、新しい言葉を探したくなることでしょう。これによって効果的に言語力を鍛えられます。

語彙力や表現力を磨く

日本語の能力を高めたいと思ったとしても、英単語を覚えるように日本語の語彙をひたすら覚えても、語彙力が高まるわけではありません。

語彙とはただ言葉を覚えることではなく、「その言葉に対する知識を持っていて、言葉が意味することを明確に自分の中で無意識にイメージできること」だからです。

言語は意識と無意識をつなぐ翻訳者ですから、その言葉を聞いたときに、意識せずともしっかり伝えられるだけのイメージが湧くかどうかが重要です。

また、自分の頭の中でモヤモヤしている思いや考えていることについて、的確な語彙に変換できるかどうかも大切です。

語彙には「理解語彙」と「使用語彙」があります。自分では使わないけれど人から言われれば理解ができるのが理解語彙で、自分でも日常的に積極的に使うのが使用語彙です。私たちは、話す相手に応じて意識的にも無意識的にも相手が理解できる理解語彙の範囲で言葉を紡いでいます。

たとえば、子どもに話しかけるときに大学生レベルの語彙を使う人はいませんし、大学の教授に対して子どもに話しかけるような語彙を使う人もいません。

この理解語彙と使用語彙のレベルを上げていき、さらにそれをＴＰＯに合わせて使えるようになると、言葉でのコミュニケーション力もアップしますし、何よりも相手との会話が楽になります。

思ったことを言うのではなく、
相手の気持ちに
寄り添って言葉を選んで答える。

相手の感情に寄り添う

言葉を使ってコミュニケーションをするというと、「自分の気持ちを相手にどう伝えるか」ということに着目しがちですが、私はそれよりももっと重要なことがあると考えています。なぜかというと、コミュニケーションの本来の目的は、「相手との距離を近くすること」だと考えているからです。

もちろん、伝えたいことを的確に伝えることも重要ですが、そもそも、相手との距離が近くならなければ伝えたいことは伝わりません。

ひとつ、ケーススタディをしてみましょう。

あなたが、会社員だったとします。

会社のコピー機の調子が悪くなり、同僚のAさんがメンテナンスの人を呼んでいます。ところが、メンテナンスの人が約束の時間になっても来ません。Aさんはイライラしはじめました。

そして、このようにつぶやきます。

「ああー！　もう！　メンテナンスの人遅いなあ。いったい何時になったら来るんだろう」

さてこのとき、あなたはどう返答しますか？

1．電話してみたらどうですか？（解決策の提示）
2．そのうち来ますよ（無関心）
3．私なんかこの前半日待たされましたよ（自分の話）
4．こんなの遅いうちには入りませんよ（反論）
5．メンテの人は前の人が長引くと遅くなるものだよ（解説）
6．約束の時間に来ないと困りますね（感情）

おもわずしてしまいそうな返答はどれでしょうか。

「感情に寄り添うこと」を目的とした場合の選択肢はたったひとつ、「6」の感情に寄り添う返答だけです。

この中で一番よくないのは、「3」の自分の話をすることと、「4」の反論です。これをすると、間違いなく相手から嫌われてしまいます。なぜなら、これは相手を落として自己愛を満足させる行為だからです。

その次によくないのは、「2」の無関心です。これもついやってしまいがちですが、相手にはこちらが生返事をしているのがそのまま伝わってしまいます。

少しマシなのは、「1」と「5」ですが、これもまた、「自分」という枠を一歩も出ずに相手に自分の言葉を浴びせています。

ただ、「電話してみたらどうですか？」を、「そうですよね。困りましたね。よかったら、私、今手が空いているので電話してみましょうか？」にすると相手に寄り添った返答になりますし、「メンテの人は前の人が長引くと遅くなります」を、「そうですよね。困りましたね。前の人が長引いているのかもしれません。よかったら、私がメンテの人来るまで、代わりに待つので、他のコピー機を使われますか？」と、寄り添いつつ解決してあげることもできます。

いずれにしても、私たちは、相手の気持ちに寄り添って言葉を紡ぐ必要があります。それには、相手に無意識に言葉を投げつけるのではなく、意識して「これを言ったら相手は嬉しいのか、それともムッとするのか」を口に出す前に考える習慣を身につけていかなくてはなりません。

実践
5

相手に寄り添って話す力を磨く

自分に置き換えて言葉を紡ぐ

相手の気持ちに寄り添うには、「自分」という枠を出て相手に歩み寄る必要があります。相手の立場に立って「自分がどう言われると嬉しいか」ということを常に考えて発言してみてください。

もちろん、相手は自分ではありませんから、自分と同じ感じ方をするかどうかはわかりません。それでも、できる限り、目の前の人と自分を区別せず、相手の立場に立ち、相手の視点で見て、言葉を紡ぐのです。

相手に寄り添う訓練をする

相手に寄り添う言葉が、自在に繰り出せるようになることは、人生でもっとも汎用性のあるスキルです。あなたのコミュニケーションにとって大きな武器になるし、あなた自身の汎用的な長所になることに間違いありません。

このスキルは何歳になっても上達可能ですから、磨かない手はありません。

どうやって磨くのかといえば、それこそ、私たちには、毎日練習の場があるわけです。私たちは人と会話をしない日はほとんどないくらい、あれこれと会話をしているものです。**知っている人でも、知らない人でも、誰かと会話をするたびに、相手に寄り添う訓練ができる**わけです。

そして、相手に寄り添えば寄り添うほど、「ありがとう」と言われたり、笑顔で答えてくれたり、気持ちのよい返答をしてもらえるなどの「報酬」がもらえます。

実際に、この話をしたあと勝間塾のコミュニティで実際に、「寄り添う訓練」を家族に対して始めてみたという方が複数いらっしゃったのですが、家族の反応がまったく違うものになったそうです。

あなたもぜひ今日からはじめてみてください。

実践6

相手に寄り添う練習

毎日練習し「あたりまえ」にする

毎日、会話をする相手に対して、「相手の気持ちに寄り添う」を意識してコミュニケーションをしてみてください。

この訓練はそのまま、「幸せになる方法」でもあります。とても簡単にできて、その都度言葉を使う力が上がり、相手からは感謝や笑顔をもらえるのですからこんないいことはありません。

これができるだけで、毎日の家庭での家族との会話もスムーズになり、職場の人間関係も円滑になり、商談もうまくいくようになるでしょう。そして、あなたの家族や仕事仲間、友人たちが、いつもあなたのことを応援してくれるようになります。

毎日意識しているうちに、そのうち意識せずともできるようになるでしょう。

相手の応援団になる

相手の応援団になれるよう意識して言葉を紡ぎましょう。

「お互いの応援ができるような気持ちのよいやり取り」のことを心理学の手法のひとつである「交流分析」では「ストローク」と表現します。これは、「心の栄養素」ともいわれます。言葉を通して相手にストロークをすれば、ストロークが返ってくる確率が格段に上がります。

逆に、相手をおとしめる言動は「ディスカウント」と表現し、人は、ディスカウントされると相手に対してディスカウントを返してしまいがちです。

これから日常生活のすべての会話の中で、ストロークを相手と交換することを習慣にしていってください。

普段からよい言葉を使い、
言葉と行動を一致させると
自分と周囲によい影響がある。

言葉と自分を一致させる

私たちが、「言葉の力を高めたい」と思ったときにまずやるべきことは、言葉とその人の行動パターンやあるいは非言語情報がすべて一直線に並んで、矛盾がないようにするということです。

頭の中と言葉、非言語情報が一直線に並ぶイメージです。

アメリカの心理学者アルバート・メラビアンが提唱した「メラビアンの法則」という有名な実験があります。これは、言葉と非言語情報が不一致である場合に、ほとんどの人が非言語情報の方を信用するという実験です。

この法則によると、コミュニケーションの3要素に占める、伝わり方の割合は、視覚情報（Visual：55％）、聴覚情報（Vocal：38％）、言語情報（Verbal：7％）という割合に分けられます。

メラビアンの法則

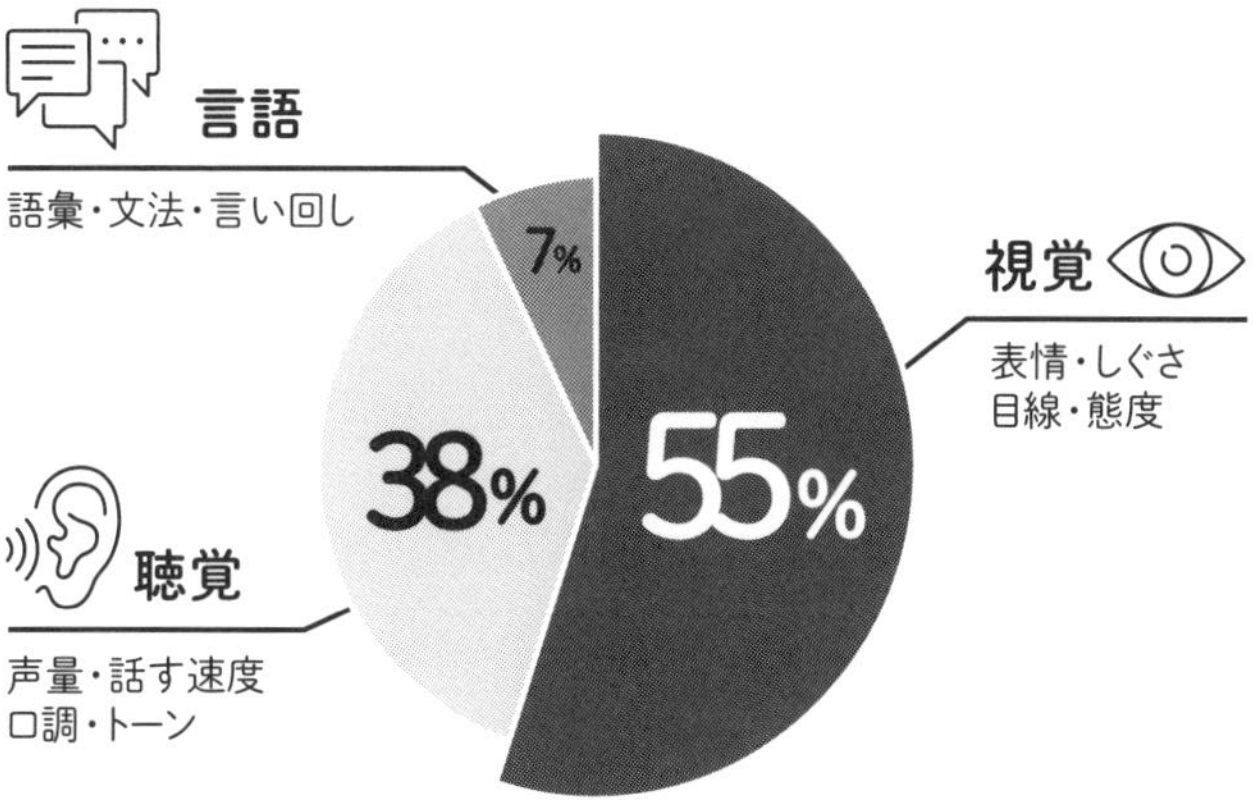

メラビアンの法則は、視覚・聴覚・言語の3つの要素で構成される

これはつまり、人は話の内容そのものよりも、視覚や聴覚から得られる情報によってメッセージを受け取っているということです。

私たちは言葉を通して、相手の無意識と会話をしようとしているため、見た目などの非言語情報やその人の普段の行動など、さまざまな情報を加味して相手の言葉を理解しようとしています。

だからこそ、言語情報が正確で饒舌《じょうぜつ》であったとしても、その言葉に力がなかったり、あるいは見た目がいまいちだったり、そのときには本当のことを言っていたとしても前に嘘をついたことがあるというような場合には、言葉の威力が半減してしまうのです。

普段から、言葉と自分を一致させることを意識すると、信用されるようになっていきます。

ネガティブな言葉を使わない

私が10代から20代だったころだと思うのですが、さまざまな自己啓発書を読んでいるときに複数の本で、「自分に対しても周りの人に対してもネガティブワードを投げつけてはいけない」ということが異口同音に書かれていました。

私は今でもその心情を強く持っていて、自分にも人にもネガティブな言葉を使わないようにしています。

だからこそ、誰かが人に対して「あなたが悪い」と言っている場面だったり、自分に対して「私って本当にバカなの」と言っている場面を見たりするととても残念な気持ちになるのです。「ことだま」という表現がありますが、これは、無意識へのプログラミングのことで、私たちが使っている言葉は、私たち自身、そして周りの人自身にも影響していきます。

実践7

ポジティブな言葉を身につける

感謝日記をつけてみる

毎日自分や人に対してよい言葉を使うために、「感謝日記」をつけてみましょう。難しいことはなく、その日に起こったことで感謝したいことを簡単に書くだけ。小さなことでもかまいません。「今日の昼食で食べたランチセットはとてもおいしくて、リーズナブルだった。感謝したい」「打ち合わせはとてもスムーズにはこんだ。ありがたい」といった具合です。

感謝日記をつけてみると、自分にとって楽しかったことや幸せだと感じること、感謝をしたいことに対して心を向けられます。この気持ちを言葉にすることで、より自分の人生の幸せを噛みしめることができるようになります。

スキル6
まとめ

適切に伝える技術を磨く

自分中心ではなく相手中心に。
相手の気持ちに
寄り添って話せば、
言いたいことは
伝わるようになる。

スキル7

SNSコミュニケーション術

SNSは劇薬。「困った人」を避け幸せのために活用する。

SNSは虚構と割り切りましょう。
不要な嫉妬を引き寄せる傾向があるため
リスク管理が必須。

SNSは劇薬であると心得る

インターネットが多くの家庭に普及してからまだ20年ほどですが、社会や私たちのコミュニケーションの仕方を大きく変えたのはインターネットではなく、ここ10年ちょっとで急激に私たちの生活に浸透してきたSNSではないかと思います。

SNSはソーシャルネットワーキングサービスの略ですから、その名の通り、私たちに「社会的なつながり」をもたらしますが、意識しておかなくてはならないのは、SNSはよくも悪くも劇薬であるということです。

インターネットにつながる端末があればあらゆる人がSNSにつながれて、あらゆる情報が手に入ります。結果的に、フェイクニュースが出回ったり、いじめが起きたりするなど負の側面も見られるようになりました。

SNSは劇薬ですから取扱いには注意が必要です。

私の中ではSNSは薬で言うと効果が強いステロイド薬のようなイメージです。使用法を間違えないようにし、適量で適度に利用するには非常に高い効果があるのですが、使用量を間違ってしまったりすると必ずしっぺ返しがやってきます。

SNSの虚構に振り回されない

SNSが、なぜ薬ではなく毒になりうるのかについて考えてみましょう。

特に、選択理論心理学でいう「力・価値の欲求」が強い人にとっては、現実で認められていなくてもSNS内だけでも認められるということはとてつもない報酬になるからです。

その結果、**インスタ(Instagram)にしろFacebookにしろ、多くの人が「ありのままの自分」ではなく少なからず盛っていて、「誰かに自慢するための自分」を演出しているといわれます**。見ている側はそれが相手の真実であると思い込んでしまいがちです。

だからこそ、SNSを見ていると、自分の周りの多くの人たちがキラキラしていて、幸せそうで、成功しているように感じるのです。それを真実だと勘違いしてしまった人が、相手と比べてしまって自分自身を惨めに感じてしまうというようなことも起きてしまいがちです。

逆にSNSで盛っている人は、自分を盛り続けることによって、自分の承認欲求を満たしているため、その行動はどんどんエスカレートし、自己愛性パーソナリティ障害のような状況になってしまうことがあります。本物の自分ではなく、「なりたい自分」を装って人に見せるようになり、またそのなりたい自分に対して都合が悪い自分については、SNS上だけではなく現実でも排除するようになってしまう危うさがあります。

SNSは不要な嫉妬を引き寄せると知っておく

SNSで**発信する際に気をつけなくてはならないのは、私たちもまた、誰かからの嫉妬の対象になりやすい**ということです。

「ルサンチマン」という言葉があります。ドイツの哲学者ニーチェによるもので、弱者が強者に対して恨みや怒り、憎しみ、嫉妬を抱き、相手を引きずり下ろそうと待ち構えている感情のことです。

連日、芸能人の不祥事がワイドショーで大きく報道され、ＳＮＳで広がります。その背景には、多くの人が芸能人のような華やかな立場になりたいと潜在的に思いつつも、それが叶えられないため、彼らが引きずり下ろされると、安心したりスカッとしたりするという、ルサンチマンが満たされる感情があるように思います。

現在はコンプライアンスの時代であり、１億総メディアなどと言われる時代ですから、誰もが、嫉妬マネジメントに対する危機感を常に持ち、リスク管理を行う必要があります。

特に気をつけなくてはならないのは、日ごろから、よくも悪くも、本人は他者に対してまったく嫉妬をしない、無邪気なタイプの人です。

たとえば、ホリエモンこと堀江貴文さんは、人狼ゲームや対談、ボランティアなどをする友人なのですが、かつて世間からバッシングを受けたのは、この嫉妬マネジメントに対する危機感の甘さにもあったように思います。ご本人にも、「芸能人とチャーター機で、南の島にバケーションに行って、それを発信したのはよくなかったかもしれませんね」とお伝えしたことがあります。それでも「そうかなぁー」と笑い飛ばされていたのも、かわいらしく印象的でしたが。

堀江さんのような成功者でなかったとしても、嫉妬の対象になってしまうと非常に厄介ですから、私たちは常に自分の発信に対する嫉妬マネジメントを行う必要があると心得ておきましょう。

読む人の自尊心に注意を向ける

嫉妬心を避けるためにはどうしたらいいのかというと、情報発信をする前に、「今から発信することが、相手の自尊心を傷つける可能性がどのくらいあるか」を推察することです。

わかりやすく言えば、「自分が自慢したい！」と思うことや、「人から見たら自慢しているようにしか見えない」「マウントしているように見えるだろう」と思えるものについては、投稿を控えるか、範囲を限定して投稿するなどの配慮が必要だということです。

たとえば、新幹線でグリーン車に乗ったり、飛行機のビジネスクラスに乗ったりするときに、そのことをうれしそうにSNSに投稿する人がいます。確かに、グリーン車やビジネスクラスというのは、料金が高い代わりに私たちの自尊心をくすぐる仕組みになっていますので、自分がお金を払ってグリーン車やビジネスクラスに乗ることで自尊心を満たすのはよいのですが、それについて、自分は特別な人間であるかのようなコメントを載せて写真を投稿したい、と思ったときに、「これを投稿したときに、読む人たちの心はどうだろうか」と考えてみるといいでしょう。

また、高級レストランに行ったときに、おいしい食事を大切な人といただくことは非常に幸せなことではありますが、それをSNSに投稿するときは、少々控えめにしておいた方が安全であるといえます。

たとえば、客単価が1万円を超える食事については、それを払える人と払えない人がいるのは明らかですから、わざわざそれを投稿するのはリスクが高いということです。

さらに、子どもの進路について、自分の子どもがいわゆる偏差値の高い学校に行けたとしても、そのことを公開する範囲については「限定公開にしておこう」など、少し気を配る必要もあるでしょう。

総じて、SNSを自慢の道具として使うのは避ける方が無難です。

実践1

SNSの使い方を見直す

SNSで生まれる嫉妬をコントロールできているかチェック

□SNSで自慢ばかりしていないか
□SNSで素敵な生活をしている人に嫉妬していないか

この2つについて考えてみてください。

前者にチェックがつく人は、知らず知らずのうちに読んでいる人に対してマウントしてしまっている可能性があります。投稿する前に「これは読む人に不快感を与えないか」と考えてみてください。

後者にチェックがつく人は、SNSが虚構であることを忘れてしまっています。SNSはその人そのものではありませんから、「素敵な演出」だと捉えましょう。

SNSの目的を経験や情報の共有であると認識し直して活用する。

思いやりが乗った情報を交換し合うのがＳＮＳ

では、ＳＮＳをどのように使えばいいのかというと、答えはひとつです。それは、**「さまざまな経験や情報をお互いに共有すること」だと捉えて、発信していくこと**です。これに尽きます。

ＳＮＳを、「見栄を張る道具」にするのではなく、他人と自分の情報を共有し、よりよく生きるためのツールであると考え、何を共有し、何を共有しないのかについて考えるわけです。

たとえば、高いお寿司屋さんに行った際に、「単に高いものを食べた」ということを自慢するだけの投稿をするのではなく、心に残るようなお造りがあったり、他のお寿司屋さんでは味わえないような特別な体験があったりしたときに、その部分をフォーカスして投稿します。

さらに、そのお店はどのように予約を取るのか、客単価はどのくらいかなどを情報としてシェアできれば、その情報を共有した甲斐があるのです。

私たち一人ひとりが経験できることや集められる情報には限りがありますが、それを信頼できる友だちと共有していくことで、多くの情報を得ることができます。また、信頼できる友だちを通じて、自分ひとりの人生ではなく20人分も30人分も、あるいはもっとたくさんの多様な人生に伴走し、共に人生を送ることができるようになります。

これができることがSNSを使ったつながりのよさなのです。

自慢ではなくホスピタリティを意識する

私は、**SNSに必要なのは「自慢」ではなく「ホスピタリティ」**だと考えています。ですから、投稿した本人は自慢できるけれど、見た自分が嫌な気分になるような投稿はしない方がいいと考えています。

少なくとも私は、私の投稿を読むという行為にコミットしてくれた人の時間や気持ちを無駄にしない程度のお土産があるかどうかを考えて投稿しています。

これまで本書でお伝えしてきた、アサーティブなコミュニケーションを思い出してください。

そこでは、話し手と聞き手の間に、「中長期のＷｉｎ（得）‐Ｗｉｎ（得）の関係性」を作ることだとお伝えしてきましたが、私は、ＳＮＳの投稿もこれと同じだと考えています。**投稿する人と読む人の間に、何らかの形で「中長期のＷｉｎ（得）‐Ｗｉｎ（得）の関係性」ができるように考えたとき、何を投稿し、何を投稿しないのかは判断しやすくなる**はずです。

ＳＮＳを積極的に活用する

ＳＮＳというのはよくも悪くも「拡声器」であり「増幅器」です。善意も増幅しますが、悪意も増幅しますから、そのことを常に意識しておく必要があります。

私は、「行ったお店がまずかった」というようなネガティブな情報は絶対に書かないようにしています。書くとしても、非常に限られた私的な情報として、一部の人だけに共有するに留めます。

もし、ＳＮＳを積極的に活用したいと思うのであれば、その際に心がけてほしいことがあります。それは、「発信と受信のバランス」を意識するということです。

発信する以外に気をつけてほしいのは、「受信はするけれどもまったく発信をしなくなること」です。受信と同じか、それ以上の量を発信するということを考えておくと、SNSともつきあいやすくなっていきます。

そして、いくらSNSにホスピタリティが必要だとしても、読み手の機嫌を取るために自虐になる必要はありません。

オンラインであろうと、リアルであろうと、コミュニケーションの基本は同じです。アサーティブなコミュニケーションで学んだ4つの柱「誠実」「対等」「率直」「自己責任」を基本にした投稿を心がけてください。

「自己開示をすると余計な人から絡まれて嫌だ」と思う人もいるかと思いますが、その場合は、SNS上で個人情報を特定されないようにし、またほとんどのSNSにはブロック機能がついていますから、絡んできてどうしようもない相手に対しては、この機能を存分に使って相手と自分の世界に線引きをしていきましょう。

実践2

SNSで得た情報を共有する

これまでの「日記」や「自慢」から一歩先へ

カフェなどの「映え」写真を投稿するのが好きな人は、「行ってみたい」と思う人が必要とする、アクセスや価格帯、混み具合などの情報を追加してみましょう。それだけで、読む人にとっても役に立つ投稿に変わります。

SNSでは
心理的安全性の確保が絶対。
互いに安心できる場所にする。

テクノロジーと心理的安全性のバランスを取る

テクノロジーは、過去の人間の知恵を蓄積させながら、社会の構造や仕組みを変化させていきます。次から次へと変化が生まれていくため、私たちの生活のすべてはテクノロジーに支配され、左右されていることになります。

人間関係も例外ではありません。インターネットやＳＮＳの登場により、交流のスピードや方法が大きく変わりました。効率的に知識や視野を広げるためにも、テクノロジーを活用することが重要です。

テクノロジーは便利ですが、一方で、使い方を間違えると心理的な負担が増える可能性があります。大切なのは、攻撃しない、攻撃されない環境を作り、「心理的安全性」を意識しながら交流を楽しむことです。

SNSでもリラックスできる関係を生み出す

では、「心理的な安全性」とは何かというと、相手とつきあっているときに相手がこちらを攻撃しない、傷つけない、嫌な目に遭わせないというある程度の確証があるということです。もちろん、100％を求めるのは難しいかと思いますが、少なくとも普段関わっていると、「この人は自分に攻撃をしてこない」ということがわかってきます。そうすると、こちらも防御態勢を取らずに済むわけです。

一方、苦手な人や攻撃的な人に対しては、「いつ言葉で殴られるかわからない」と、防御態勢を取ってしまうため、体が緊張します。体が防御態勢を取っているときは「逃げるか戦うか」という反応をしている状態です。そのような状態のとき、私たちの体には炎症反応が起きます。緊張しているので的確な判断ができなくなってしまいます。

だからこそ、リラックスした状態を保てるような人づきあいをSNS上で作っていくことが必要です。

X（旧Twitter）やYouTube、TikTok、Instagramのような、誰でも自由に閲覧や投稿ができる完全オープン型のSNSは、常に攻撃されるリスクがあります。

一方で、FacebookやLinkedinのように、ある程度つながりのある人たちの間だけで交流するようなクローズ型のSNSは、発展性が乏しくなり、人間関係や情報の広がりが制限されます。どちらも一長一短です。

SNSを活用する際は、人から突然攻撃されるような状況での安易な書き込みは確かに危険です。私は、Xやその他のSNSにも書き込みはしていますが、オープンなSNSに書き込む際はなるべく見知らぬ人が読んだときに攻撃したくなるようないわゆる「炎上ネタ」を投稿しないように気をつけています。

私は普段から、SNSの使い方については発信の度合いを3つの段階に分けています。

■SNSごとに発信の度合いを変える

・基本的にプライベートな内容は、Facebookの友達限定のみで共有する
・炎上しないような無難な内容であれば、XやInstagramに投稿する
・ブログやYouTubeなどは、パブリックな場としての節度を踏まえて投稿する

ＳＮＳは情報と人脈の宝庫。
リアルなつきあいに
発展させれば、
自分の味方を
たくさんつくれる。

SNSもWin（得）-Win（得）でつながる

近年は、婚姻年齢が上がり、どんどん未婚化が進むことが問題になっていますが、家族、あるいは夫婦というような単位が、SNSのような社会的なつながりに負けつつあるという考え方もできます。

これまで家族がいないと手に入らなかった社会的なつながりや支え合いがSNSによって一部、代替されてしまっていると考えられます。

冒頭からお伝えしているように、人間は血縁を超えて他者と協力し合う社会的動物です。SNSは私たちの中で、情報源としての役割に加え、人生におけるコネクションを広げるツールとして重要な存在になっています。これまでリアルでしかつながれなかった人たちともすぐにつながることができ、あらゆる組み合わせでさまざまな協力体制を作ることができるようになったわけです。

SNSの利点は他にもあります。それは、**つながりの濃度を自由に調整できることです。濃**

密なチームから温かい関係まで、個々の目的に応じたつながりを作ることができます。

リアルと現実を融合させる

SNSにも欠点があります。

最大の欠点は「視覚情報」でしかやりとりができないということです。視覚情報だけのやり取りでは、私たちは相手に勝手な印象を抱いてしまい、誤解を生みやすいのです。また毎回その視覚情報を解釈することに時間を必要とするため、コミュニケーションにストレスがかかります。

ではSNSでどのようにストレスのない関係性を生み出せばいいのかというと、2つのポイントがあります。

ひとつは、**「実際に会ったことがある人とSNSでゆるくつながること」**です。

私も、Facebookなどには、さまざまな会合や会食、イベントなどで会ったことがある人から友人申請がくることがよくあります。正直、数時間会っただけの人のことを私たちはなかなか把握できませんが、継続的に半年や1年くらい相手の投稿を見ていれば、その人となりはわかってきます。

また、学生時代にはそれほど親しくなかった友人を見つけて、SNSでゆるくつながってお互いに情報開示するようになってから、親しくなったという話もよく聞きます。それだけ仲よくなれる相手ですから、本当は学生時代に仲よくなってもおかしくなかった間柄だったのかもしれませんが、たまたまお互いの情報開示が少なかったためそのときは縁がなかったわけです。

そういう新たなつながり方をすることで新しい関係性が生まれることはよくあります。

もうひとつは、**「SNSで知り合った人に、オフ会やイベントなどで積極的に会いに行くこと」**です。

SNSとリアルの人間関係というのはこれまでも、これからも、限りなく融合していく存在です。つながりたい人とは、どんどんつながっていきましょう。

そして、SNSとリアルの人間関係を融合させながら、ゆるくつながり合うことで、ストレスのない人間関係を構築していくことができます。

これからの時代は、滅多に会わず、近況もわからない昔のリアルの友人よりも、ＳＮＳで親しくなった友人の方がより親友に近づいていきます。

ＦａｃｅｂｏｏｋやＸはアルゴリズムによって、あなたがよくコメントをつけたり、「いいね」をつけたりする人から優先的に表示がされるようになっています。

ＳＮＳは人脈の宝庫

私たちの資産や収入の二極化について語られることがありますが、実は、社会的なつながりについても、二極化が進んでいると感じています。

これまで一定の地域に生まれるか、一定の家に生まれないとなかなか手に入れられなかった**恵まれた社会的なつながりが、インターネットというツールを通じて誰しもが平等に手に入れることができるようになっている**からです。

ＳＮＳやツールをどんどん活用していろいろな人とコミュニケーションを取り、構築したつながりの中から自分だけではなく他の人の経験や知恵を生かせる人と、ネット上でのコミュニケーションを恐れたり躊躇《ちゅうちょ》したりして、リアルな人間関係だけに留まる人とでは、人脈や情報などで、大きな差がついてしまいます。

互いの知識や体験をシェアする

では、健全で安全な社会的なつながりを構築するためにどうしたらよいかというと、「互恵関係」を目指すことです。

どこまでいっても人間関係は、Ｗｉｎ（得）‐Ｗｉｎ（得）ですね。

本書の冒頭でもお伝えしましたが、互いに得になる関係性を作っていくというと、「人間関係を損得で考えるなんて冷たい」と思う人もいるかもしれませんが、損得とは金銭的に得になるとか、損をするとか、そういうことではありません。

「その人とつながっていることで、意識的にも無意識的にも何かしらのよいことや、心地よさがあるか」ということです。

ですから、何か特別な能力を持っていたり非常に知識のあるプロフェッショナルであったりすれば、ＳＮＳの中ではいろいろな人とつながりやすくなります。なぜかというと、その人とつながって、その人の話を聞くことで、自分の人生の課題が解決したり、新しい世界が開けたりするからです。

ただ、特別な能力を持っていなくても、まったく気にすることはありません。私たちが外部に向けて情報を発信していくために大切なものは「多様性」だからです。私たちは基本的に知りたがりで、人を通じていろいろな経験をしたいと思っていますから、優秀であることや有名であることではなく、「自分には持っていないものを持っている人」とつながりたいと思うものなのです。

私も、私にはない知識を発信してくれたり、私にはできない経験を共有してくれたりするアカウントは喜んでフォローしますし、お互いにつながっていたいと思います。

ＳＮＳで発信するときに心がけたいのは、読む人が「自分には体験できないような経験や知識、考え方を共有してくれること」です。

ＳＮＳの発信はぜひ主語を「自分」にしてほしいと思っています。

自分自身がどういう考え方をしてどういう経験をして何を共有したいのかということを、もっともっと披露していきましょう。

実践
3

SNSを能動的に活用する

積極的にほしいものを得る

SNS活用の真髄は以下の2つです。

・これまでだったらつながる可能性のなかった人
・これまでだったら手に入らない情報

この2つを積極的に手に入れることです。

SNSをこれまでの自分のリアルの人間関係と同じ人だけつながり、仲間内で気持ちのよい会話をしている限り、SNSから受ける恩恵は非常に狭いものになってしまいます。

そのためには、たとえばXであれば次のような使い方をしてみてください。

①リストを作る

自分がツイートをチェックしたい相手については、リストに入れてその人のツイートをいつもチェックすることができるようにしておきましょう。

②ハッシュタグ検索をする

ハッシュタグとは、「#」の後ろにキーワードとなる言葉を入れたものです。固有名詞に加えて、モーメントや感情を表すフレーズなど、幅広く使われていて、検索キーワードとしても利用されています。

③キーワード検索をする

投稿はどんどん埋もれてしまいます。誰かの投稿をまとめて見たいときや、特定の話題を知りたいときには、ぜひ、この検索機能を使ってみましょう。

SNSの中に小さなSNSを持つ

Ｆａｃｅｂｏｏｋでも友人とつながるだけでなく、自分が興味のある人の発言をフィードで見ることで直接友だちになっていない人の情報を得ることができます。

また、あなたがこれから伸ばしていきたい分野や、伸ばしたい能力、必要な情報があるなら、それについての行動や情報を、積極的に自分軸で発信をしていきましょう。あなたの情報に対して興味を持って返答してくれる人が増えるかもしれません。またあなた自身も、同じような仲間を見つけたら、積極的に自分から声をかけていきましょう。

人見知りな人や不器用な人、繊細な人も、上手にインターネットを活用することで、同じように不器用な人のグループでつながって日々の悩みを打ち明け合ったり相談したりするなどの場所を持つことができます。

自分を中心としたＳＮＳを立ち上げたり、ＳＮＳの中にもっと小さなコミュニティを持ったりすることも、自分の興味のある分野で人間関係を広げるよい方法です。

「勝間コミュニティ」は私が立ち上げたＳＮＳですし、30年ほど前も、ワーキングマザーのためのＳＮＳである「ムギ畑」を自分で作っていました。

最近は、ＳＮＳのサーバーやシステム自体を自分で立ち上げなくても、Ｆａｃｅｂｏｏｋグループのような仕組みがありますから、小さなＳＮＳをＳＮＳの中に持つことが可能です。

ＳＮＳ上で遭遇した「困った人」からは、さっさと逃げるが勝ち。

SNSにもマイルールを決めておこう

ＳＮＳは人とのつながりを広げるための便利なツールですが、リアルな人間関係と同じく「困った人」が一定数存在します。ＳＮＳ上の「困った人」との、トラブルを防ぐためには、慎重に関わる人を選ぶことと、適切なリスク管理が必要です。

また、ＳＮＳでのトラブルは、最初は相手の問題が見えにくく、後になって気づくケースが多いため、トラブルを予防することが重要です。

特に繊細な人は、最初にＳＮＳに関わるときのマイルールを決めておくことで、困った人に取り込まれる前に、速やかに離れることができたり、批判を気にして落ち込まなくても済むようになります。

SNSの利点は、人とのつながりの分母を大きくできることです。

リアルの友人関係では、特にママ友のような限定されたコミュニティの中にいると、嫌な相手と距離を置くことが難しい場合がありますが、**数百人、数千人とつながっていれば、一部の**

人との関係が途切れとしても、生活や人づきあいに大きな影響が出にくくなります。

人を利用しようとする人からは離れる

ただ、SNSもリアルな人間関係とまったく同じで一定数、私たちにとって「困った人」が存在します。

たとえば、コメントやレスでこちらに罵声を浴びせたり、からかったり、マウントをしてくる人は間違いなく自分を高めるためにこちらを下げてくる人ですから、そういう人からは距離をおきましょう。SNSでは知らない人から嫌なことをされたら、速やかにその人をブロックしましょう。

さらに**警戒してほしいのは、「よく知っている人から嫌なことを言われたとき」**です。関わりの薄い知らない人であれば、ただストレス解消のために暴言を吐いていることもありますが、近い関係性の中だと「強い悪意」がある恐れがあるからです。

そのようなときも、対策としては「逃げる」に越したことはありません。

実践4

SNS上の困った人の対策をする

SNSのよいところは、出会ってしまった「困った人」たちに対して、つきあいを即座に遮断できる機能があるということです。

SNS上で見知らぬ人に絡まれたとしても、静かにブロックをすればそれで終わりです。恨まれて住所を特定されて、物理的な嫌がらせを受けるといったようなことが起こらない限りは安全です。

嫌がらせをしてくる人やめんどうくさい人、こちらを利用してくる人に対しては、関わらずに距離を取るか、状況によってはさっさとブロックしましょう。

あらかじめ、自分の中に「こういう場合はブロックする」というルールを作っておけば、嫌なことを言われたときに、必要以上に心を痛めたり、傷ついたりすることなく行動に移せます。

SNS上もリアルと同じ。
リアルで言わないことは、
SNSでも言わないのがマナー。

SNSを必要以上に怖がらない

多くの人は嫌な目に遭うのが嫌ですし、怖いと感じるかと思います。

特に人見知りであったり、不器用であったりする私たちは、SNSのようなサービスでも、つきあいの範囲を広げることに消極的になりがちです。

しかし、それは、「車に乗ると事故に遭うのが怖いから車に乗るのをやめる」と言っているのと非常に近いと思います。

SNSというのは、人づきあいを広げるための乗り物のようなものと考えてみてください。

私たちが徒歩だけで動ける範囲は限られますから、事故などの一定のリスクがあるとわかっていても、ほとんどの人は、自家用車や自転車あるいは公共交通機関を使っています。

ただ、ある程度の交通ルールを理解しつつ、暴走車には近寄らないとか、あるいはこのようなリスクサインのある車には近寄らないというようなリスク管理が必要です。

SNSの場合で考えると、ひとりも共通の友人がいない人や、一度も対面で会ったことがない人に対して、心を許して自分の情報を広く知らせるのは危険です。

私はSNSを積極的に使ってはいますが、実は、XやInstagramのような公開SNS上において不特定多数の人を対象に投稿する場合には、炎上の可能性がある投稿はしていません。

ある程度こちらの日常や考えていることがわかるような投稿をしますが、だからといって、特定の固有名詞を連発するとか、誰か特定の個人をディスるような、ネガティブな内容を載せることもしません。どこかに行ったり泊まったりしたときも、公開情報に載せる場合には、その場所にいるときに投稿するのではなく、必ずその場所からある程度離れてから投稿するようにしています。

SNSは「何を言ってもいい場」ではない

炎上の可能性が高いのはXやYouTubeです。

特にXは文字数が限られているため、一部分を切り取られたり、あるいは誤解を招く表現が多くなったりするので、炎上の可能性が最も高いのです。

それに比べるとＹｏｕＴｕｂｅは全部見なくてはならないことがボトルネックになっていて、「ＹｏｕＴｕｂｅの方が炎上の可能性が小さい」と、最近はＸから乗り換える人たちもいるそうです。また、Ｖｏｉｃｙなどの音声ＳＮＳも台頭してきていますが、こちらもなぜ増えてきたのかというと、文字に比べて聞く方にも労力がかかることと、言語コミュニケーションだけでなく非言語コミュニケーションも入るため、誤解が生じにくいからです。

クローズドのＳＮＳを選んだからと言って、何でも話していいわけではありません。10人程度のＬＩＮＥグループなどであっても、迂闊な発言がひとり歩きしてしまい、炎上してしまうことがあります。

基本的に、**リアルの会話の中で言ってはいけないことは、ＳＮＳでも言ってはいけない**のです。自慢話も同様ですが、**リアルなら「相手が嫌な気持ちになるかな」と思う話でも、ＳＮＳではなぜか気安く言ってしまうことがあるので、普段から注意が必要**です。

実践 5

投稿するときにクセづけておくこと

SNSに投稿するときは、その投稿を共有したときに、「どのような波紋が広がり、どんな部分が読み手の心に響くだろう」ということを想定しながら書いてください。読み手側の立場になって考えてみると、「あ、これはまずい」とか「これは嫌な気持ちになる人がいるかも」ということが客観的に見えてくるはずです。

さらに、何も考えずに書くのではなく、「今自分は何を共有したいのだろう」とか、「相手に何を感じ取ってほしいのだろう」ということを考えるくせをつけていくことで、「この範囲の聞き手にこのことを言いたい」「この話ならクローズドな場の方がいいな」ということが、自然と分類できるようになっていくと思います。

SNSで「困った人」に関わらない方法

SNSでトラブルに巻き込まれないためには、関わる相手を慎重に選ぶことです。

特に、こちらから近づこうとしていないのに、向こうからグイグイと近づいてくる人については注意が必要です。商業目的である可能性が高いので、警戒しましょう。

また、友人の友人からのアプローチがあった場合は、共通の友人にリファレンスを取るようにしましょう。

SNSを含め、人間関係でトラブルに巻き込まれるときは、「最初に出会ったときは悪い人に見えなかったのに、段々とその人が実は問題がある人」だということがわかってきています。しかし、相手が「困った人」であることを知ったときには「もう遅い」という状況になっていることが多いです。

だからこそ、SNS上の対人トラブルというのは、トラブルになった後の対処法よりも、トラブルになる前の予防の方がずっと重要です。

関わる相手は取捨選択

ＳＮＳ上で「どの人とつきあって、どの人とつきあわないか」を判断するためには、その人のＳＮＳのタイムラインをまとめて見てみることです。

その人が、自分とつながっている友人をどのように扱っているのか、普段からどのように行動していて、どのような情報を周囲に共有しているのか、などです。

これらを総合して見ていくと、その人の傾向が見えてきます。

私なら、旅行や食べ物の写真や自撮り画像が大半で、他の人の投稿に対してほとんどコメントをつけないタイプの人には少し引きます。

一方で、自分の体験談を面白おかしく投稿したり、ちょっとした気づきを与えてくれたり、外で見つけてきたちょっとした面白い情報を共有してくれたりするような人とは、面識がない人であったとしても、積極的につながるようにしています。

実践 6

SNSで気をつけること

「困った人」である可能性が高い人を見抜くポイント

□共通の友人がひとりもいない
□こちらが積極的につながろうとしていないのに個人的にメッセージが来る
□旅行や食べ物の写真や自撮り画像が大半
□他者の投稿にほとんどコメントをしていない

投稿に関するリスクチェック

□公開ＳＮＳでは炎上の恐れがある投稿をしない
□自慢話は避ける

スキル7
まとめ

SNSは毒にも薬にもなる。
自分の身の
心理的安全を確保し、
「困った人」から身を守りながら
活用すれば、
たくさんの人脈が生まれる。

第3部

人生戦略としての人間関係

人づきあいも投資。
幸福は
複利で増えていく

その1

将来的に大きな幸福感を
手にするために
「間違った見返り」は
さっさと手放す。

自分を変える努力は難しいと知る

私たちは、いざ「自分を変えたい」と思っても、なかなか変えられない生き物です。頑張って一時的に変化があったとしてもすぐに戻ってしまうのは、変わらないことで得られる「見返り」が存在しているからです。

ですから、本当に人づきあいの仕方を変えたいのなら、間違った見返りを見つけ出し、手放す必要があります。

ただ、せっかく人間関係の本当の課題を確認し、本当の問題に向き合って自分を変えようと努力して一時的に改善できたとしても、多くの人はいつの間にかまた元に戻ってしまいます。

なぜかというと、問題と正面から向き合い自分を変える努力をし続けることは、私たちにとって非常に厳しいことだからです。

自分を変えたいのなら、かなりの「決意」と「覚悟」が必要です。

ただ、「覚悟」と「決意」は精神論ですから、気合を入れればできるというものでもありません。大切なのは、「元に戻ってしまう理由」を理解することです。

ここで、「報酬の法則」について考えてみましょう。

「報酬の法則」とは、**私たちが行動を起こすときには、意識的か無意識的かにかかわらず、必ず何か「見返り」があって動いている**ということを指しています。

あなたがもし、今、**「自分を変えたい」と思っているのに、「変えられない」としたら、それは「変わらない」ことによる強い「見返り」がある**からなのです。

ですから、本気で自分を変えたいと思うのであれば、まず、「間違った見返りを求めて、行動している自分」を見つけ出すことです。

「間違った見返り」を手放す

私は会社員時代に、「仕事を部下に任せられずに自分で引き取ってしまう」ということが、何度もありました。

私が部下の仕事を取り上げてしまうことで、いつまで経っても部下が育たないということはわかっていたので、やってしまったそのときは反省するのですが、気がつくとまた「私がやったほうが早いから」と、仕事を取り上げてしまっていたのです。

このとき、私がどういう見返りを求めていたのかというと部下より何倍も早く仕事を終わらせることによって、「だから、私は優秀なのだ」という優越感を得ることができ、「やっぱり私がいないとだめなのだ」という自分自身の重要感を持つことができるという見返りです。それが、手放せなかったのです。

でも、その優越感や自己の重要感という見返りの「気持ちよさ」は、あくまでも一時的なものであって、長期的に見ると、それを続けることで自分はいつまでも部下の仕事を抱えていることになり、新しい仕事にチャレンジすることはできず、さらに部下も育たなくなりました。そして、部下が育たなければ自分の評価も下がってしまい、何のメリットもありません。

もしもあなたが、今まで何度もやろうとしたのにできなかったことや何度もやめようとしたのにやめられなかったことがあったら、思いつく限り書き出してみてください。

そして、変えられないのは、そこにどんな「見返り」があるからなのかを分析してみると気づくことがあると思います。

■〈見返りの分析のステップ〉

・あなたの人生に、現在、大きな影響を与えている人を、少なくとも5人リストアップしてください(仕事・プライベート両方で)。

・その人から、あなたは何を得たいと思っているのか、そして、相手がいることによってあなたが本当に満たされているのかを、考えてみてください。

・その人との人間関係において、あなたが得ている見返りを考えてみてください。その見返りは、正しい見返りでしょうか？ 誤った見返りでしょうか？

・その人との人間関係において、相手が得ている見返りを考えてみてください。その見返りは、正しい見返りでしょうか？ 誤った見返りでしょうか？

自分が得ている人間関係の「間違った見返り」に気づくことができると、それに、縛られていた自分から脱することができます。

ぜひ時間を作ってやってみてください。

見返りを手放すと未来に大きな報酬が得られる

見返りを手放して、互いによい関係を築くことだけに邁進《まいしん》していると、私たちの周りには心地よい人間関係が生まれてきます。

私は以前、長時間労働から逃れられずに苦しんだことがあります。

上司から、明らかに過剰な仕事を振られているのに、「期待しているからだ」「おまえのためを思えばこそだ」と持ち上げられていました。頑張ってやり遂げると、褒めてもらえるし、昇進もさせてもらえます。さらに仕事のチャンスも与えてもらえます。これらの報酬があるが故に、やめられませんでした。

上司の期待に応えることで得られる、間違った見返りを求めていたのです。

同時に、私もまた上司に対して、「どんな無茶な要求でも引き受ける、便利な存在」という誤った見返りを与えてしまっていました。このような人間関係にハマってしまうと容易には抜けられなくなります。

その2

人間関係の量を増やし
その中から質のよい
関係性を育て
取捨選択していく。

人生戦略としてのコミュニケーション術

私は、すべての**人生戦略とは、逆算して「①いつまでに、②どうやって、③誰に会う」を計画することだと思っています。**

人生は有限ですから、躊躇している暇などありません。

人生の有限の時間の中で、うまくいかない人に関わっている時間など、ひたすらもったいないものです。

人間関係も同じように人生戦略として考えてみましょう。

「戦略」とは、「目的地を定め、限られた資源をどう効率的に使って目的を達成するか」ということです。ですから、最初にあなたが考えることは、「限られた資源」と「時間配分」です。

人間関係でいうところの「限られた資源」とは、「生きている時間」です。

「時間配分」は、「日常的に会う人を誰にするのか」ということです。誰と一緒にいてどう過ごすのかが重要です。

人は、「一緒に過ごす時間が長い人の影響」を強く受けます。一緒に過ごす人たちは、あなたに生涯を通して影響を与え続けるからです。

地域によって経済格差や文化格差が生じてしまうという研究がありますが、それも、私たちが、キャリアなどお金にまつわる意思決定についてのすべてが、周囲の仲間の影響を強く受けているからです。

私は仕事柄、よく「職場をどう選んだらいいでしょうか」という質問を受けます。

もちろん、「その仕事にやりがいがあるか」とか、「自分に向いていそうか」ということも大切ですが、もっと大切なのはその職場の文化です。「努力を惜しまない人がちゃんと報われていて、互いに助け合う風土があること」が最も大切だと考えます。

そして、普段から意識的に、「どういう人と一緒にいる時間を長くすれば、自分の人生の目標が達成できるのか」という視点から、自分が一緒に過ごしている人を見直してみてください。

人間関係の「質」は「量」で決まる

「よい人間関係」というと、人間関係の質を高めなければいけないというような印象を持つ人もいるかもしれません。それは正解なのですが、質を高めるためには、まず量がないと話になりません。

私たちが人づきあいをするときに少数のグループだけに所属していると、いやな目に遭っても我慢しなくてはなりませんし、囲い込まれたり、勘違いによるトラブルに巻き込まれたりします。

たくさんの人とつきあうことで、誰かひとりとの人間関係で、おかしなことがあったとしてもすぐに気づいて対処することができますし、「こんなことをはじめたい！」というときに、人脈を頼りやすくなります。

だからこそ人づきあいの数を確保して、その中で自分とイメージが合う人やフィーリングが合う人、価値観が合う人、お互いのバランスが合う人、そのような人を探していくことです。

それはそのまま、人生のリスクヘッジになります。

私たちが、たくさんの人とつきあっていくことを選択した場合、そのすべての人と平等につきあわなくてはならないということはありません。たくさんの人の中から状況に応じて、互いに選択していけばいいのです。

そのバランスは能動的に自分の意思でとっていきます。

数が少ないうちは、お互いの負担感のバランスがよい相手を選ぶことが難しいかもしれませんが、数が増えてくると、「居心地のよさ」「楽しさ」「互いに無理がない」という相手を選べるようになります。

そして、人脈の数を広げたあとは、深くつきあう相手を選ぶときに「知り合った時間の長さ」は関係ありません。

1日2日過ごせば相手のことがだいたいわかりますので、知り合った期間が短くて、つきあいはじめたのがつい最近であっても、非常に気が合うと思えるなら、その人とのつきあいを深めていけばいいのです。

その3

人間関係は利他の積み立て投資。利他力を発揮していけば、人脈と幸福の運用益が生まれる。

人間関係を積み立てる

「利他力」とは、自分の得意なことや余裕を他人のために使い、相手に貢献することです。利他を積み上げることで、評価や信頼が持続され、拡張していき、人間関係の中での競争力が増していきます。

長期的に利他を積み重ねることによって、チャンスが得られやすくなり、人生が豊かになっていきます。

自分の力を拡張させる「利他力」

人づきあいの楽しさは何と言っても、「その人間関係の中で、だんだん自分が楽になっていて、自分の能力だけではなく、他の人の知恵や考え方やさまざまな能力を自分の人生に生かせるようになること」にあります。

そして、私たちが、自分の力を生かし、自分の世界を拡張していくためには、「いろいろな人とどのように上手につながれるか」にかかっています。

なぜかというと、私たちが自分の力を拡張しようと思ったとき、自分自身だけの力で研鑽するのに限界があるからです。

他者の力を自分の力として活用していく。

そして自分の力も他者のために活用してもらう。

これができるようになるための鍵が「利他力」です。

私たちは**互いに相手のために動く「利他」があってはじめて、お互いの力を自分の力として使うことができ、それによって自分の力を拡張することができて、より大きなことを成し得ることができる**のです。

自分の得意を利他にする

利他力を発揮しようとする際に意識してほしいのは、「なるべく自分の得意なことで、周りの人に貢献すること」です。

「利他力」というと、私たちはなんとなく、「無償で相手に尽くす」というイメージを持ってしまいがちですが、ビジネスも利他です。

私たちが何らかの形で相手に対して報酬を支払い、その報酬よりも大きな価値や利益を得ることができれば、それでも十分に相手からの利他をいただいているわけです。

むしろ、世の中ではそのような「有償の利他」の仕組みの方が「無償の利他」よりもより大きく流通していると思いますし、私たち自身も、仕事の中で、利他力を発揮して、お客様や取引先に喜んでいただけるように頑張っていると、仕事でも成功していけますので一石二鳥どころか、いいことしかありません。

利他力は誰にでもある

利他力で貢献すると考えたとき、多くの人は「誰かの役に大きく立たなければいけない」と思ってしまいがちですが、「心地よいあいさつ」だけでも十分に利他力を発揮していることになります。

また、**自分にはあたりまえのように簡単にできることでも、相手には簡単にできないことがあなたの強みであり利他力**です。

なるべく自分の得意なことで周りの人に貢献をするのが、効率的な利他力の使い方です。相手にとっても「自分には難しいことが、あなたにお願いすればすぐにできる」ということはありがたいことです。相手から直接お礼をされなかったとしても、評価や評判という形で、あなたの価値を周りに伝達してくれます。

これが、自分の利他を人に預けて積み立てている状態です。

利他を積み立てられれば積み立てられるほど、私たちはどんどん生きやすくなっていきます。

人づきあい市場における、私たちの競争力が増していくのです。

積極的に利他を積み立てる

ビジネスでもビジネス以外でも何でもよいのですが、常に「どうやったら自分以外の人に役立てるだろう」と考え続けてください。

そして、あなたの利他を捧げた相手が、いつも直接見返りをくれるわけではないことも承知しておきましょう。

利他力を自分に蓄え、またその利他を人に預けて積み立てていくのです。

もちろん、利他力を他者に向けて使っていると、たまには搾取されてしまうこともあるのですが、トータルで利益が出ればいいと考えましょう。

実際に、**私たちが積み立てた利他というのは、途中で損失が出たとしても、結果的に、非常に大きな複利を伴って私たちのもとに返ってきます。**

人間関係において私たちが感じのよい人になるために最も簡単な方法は、利他的な行動を常にとり続けることです。

そして、効率よく利他を積み上げるためには、利己的な人からはなるべく遠ざかることです。現代社会においては、誰が利他的で、誰が利己的なのかは、ＳＮＳやその他の評判を通じてなんとなく周囲の人が感づいてしまいます。その評価が共有されてしまうということです。

利他を積み立てていけば、価値の高い人として扱われます。そして、何かものごとを頼むときやプロジェクトを立ち上げるときに、私たちは、自分の人脈や社会の中で共有されている評価や評判をもとにして、利他的な人をチームメンバーやパートナーに選んでいきます。

利他的であるということは、チャンスを得やすいということなのです。

そして、利他を積み立てるコツを掴んでしまえば、人間関係で困ることはほとんどなくなります。一方、利己の積み立てをしてしまうと、それがその人の評判となり、人づきあいの市場では勝てなくなり、人脈も徐々になくなっていきます。

利他は「余裕分」のみ積み立てる

私が20代から30代ぐらいからの知り合いを長年、観察してきて気づいたのは、**「とにかく利他的な人ほど人生が末広がりになっている」**という現実です。

利他を出し惜しみする人や、そもそも自分の中にわざわざ他人に貢献できる材料を持っていないと思っている人は、加齢による体力の衰えや敏捷性の減少、気力の低下が人脈の増加を上回ってしまい、ずるずると収入が下がったり、友人関係が狭まったりしてしまって人生が後退しているのです。

一方、他の人のことをよく考え、サポートし、社交的で、利他心にあふれている人は、年齢を重ねるごとに驚くほどの上昇気流に乗っていき、気づいたらびっくりするようなレベルのことを実現しています。

この利他の積み上げは、5年ぐらいですとそこまでの差がつかないのですが、10年経つころにはもう取り返しのつかないほどの差になっていて、20年、30年になると、20代、30代のころには同じような立場にあったということが想像できないまでの差になっています。

利他の運用益とは

自分と他人の区別をなるべくつけずに、自分ができる範囲で十分なので、自分の余裕分をどんどん他の人に積み立てていってください。繰り返していくことで、その利他は人脈市場の中で、自動的に複利で運用されます。

これは、ドルコスト平均法でのお金の積み立てに似ています。

証券会社の口座を開いて淡々と積み立てていくことは誰にでもできることなのですが、実際に行っている人は少数派です。そして、しっかり積み立てた人は20年後、30年後に、数千万円あるいは億円単位の資産運用を実現しています。

人脈における利他の積み立て投資も仕組みはまったく同じです。

自分のリソースのすべてを他者のために使う必要はありません。ただ、その一部を常に他の人のために使って、利他を預け続けてください。

それがどんどん人脈を広げていき、さらにその先でつながった人たちからの経験や知識があなたに還元され、あなたの知識や視界、そして立場を広げてくれます。すべてが、本人の経験や人格となって莫大な運用益が生まれるのです。10年後、あなたの目の前には今とまったく違う世界が広がっています。

その4

人間関係構築の基本は分散投資。できるだけゆるやかに多くの人とつながると幸せになれる。

人間関係の「分散投資」をしよう

人生全般におけるリスクと効率を管理するための重要な考え方が、「分散の法則」です。その根底にあるのは「将来は想定外のことが起き続ける」ということ。

人間関係や仕事、スキル、時間などを適宜分散することで、失敗のリスクを減らし、成功の可能性を広げることができます。また、幸せについても一点に集中して依存し過ぎないよう、いろいろなところに幸せを見つけておくということが重要です。

この原則を意識することで、柔軟で安定した人生設計が可能になります。

私たちは小さいころから、集中することが重要だと教えられ、常に「集中力」が必要だと感じて生きてきています。しかし、私が50年以上生きてきて思うのは、本当に必要なのは、「集中力」ではなく、「分散力」ではないかということです。

そもそも、私たちは集中するようにはできていません。加えて、集中することによって多くの見逃しが起こります。

航空機事故の事例を詳しく調べてみると、乗員が何か特定のトラブルに集中し過ぎた結果、他のトラブルを見逃してしまい事故につながってしまったケースが多々あるそうです。

一箇所に集中し過ぎると、俯瞰して物事が見えなくなる——。実際の人間関係にも同じことがいえます。

人間関係の生産性をアップする

少人数での人間関係の中では、私たちは視野狭窄に陥りがちです。

たとえばママ友サークルのいじめ問題であったり、職場のパワハラ問題であったり、あるいは家庭内のＤＶについて、なぜ問題が深刻化するかというと、その世界で本人がそれ以外の場所に自分の世界を持っておらず、さらに視野狭窄になってしまっているため、なかなか逃げ出せないからです。

人間関係において、トラブルはつきものですが、そのトラブルを解決する最も手っ取り早い手段はなんといっても、「相手と距離を取る権利がある、相手から逃げ出す権利がある」ということを理解しておき、実際にその必要があると判断した際にすぐに離れられることです。当然ながら逃げ出すための別の場所も必要です。

そのためにも、私たちは人づきあいの量を確保すること。そのうえで、安心して関われる人との関係を育み、必要のない人間関係を整理していくことが大切です。

そのために、まず量を確保して、人間関係の生産性を高めておく必要があるのです。

人間関係の分散投資と多様性を実現させるためには高い生産性が必要ですが、これは意外と多くの人が見落としがちな点だと思います。

しかし、人づきあいひとつ取ったとしても、自分が心理的安全を確保しながら、どのような人とつきあうのかを考え、選び、何かあったときにはスッと離れるという健全な形を取るために、人間関係の生産性を上げておく必要があります。

分散力は選択肢の確保

集中力の弊害として、視野狭窄があることについてお話ししましたが、視野狭窄になったときに問題なのは、今目の前にある課題を解決するためのよりよい方法やよりよい手段がたくさんあるにもかかわらず、そちらに目が向かなくなることです。

自分にとってベストな選択をするために重要なことは、問題の入口でしっかりと選択肢を広げることです。

今いる場所で集中する以外に、よい方法が他にある場合には、そちらにリソースを向けなければうまくいかないのですが、一点に集中し過ぎるとそのような新しい手段や抜け道を考える力を失います。その場でできることの中だけで解決策を探そうとしてしまうからです。

いろいろと比較検討した上で、「ここにフォーカスする」と決めて集中するのならまだよいのですが、とりあえず目の前のことを懸命にやろうとすると、間違った場所に過剰な投資をすることになってしまいがちです。

人間関係や人生の選択で、常に検討してほしいことは、「よりよい選択肢があるのではないか？」ということを自分に問いかけることです。これを習慣にしていきましょう。

人間関係には分散投資が必要

人間関係は「分散投資」が必要な最たるもののひとつです。

仕事関係だけ学校関係だけ、あるいは特定の趣味の交友だけといったように、二元関係の分散が進まず、狭い世界の中で生き続けていると、その場所でうまくいかなかったときに、人間関係も含めてすべてがダメになってしまいますが、いろいろな分野の人間関係をつなげておくことによって、別のつながりによってまた、新しい機会が生まれ、新しい知識を得ることができ、新しい幸運が舞い込んできます。

勤めていた会社が倒産したとしても、別のつながりからヘッドハンティングされるなどはそのよい例でしょう。

つまり、**分散型の広い人間関係を持っておけば、人生の心配事がほとんどなくなるということです。**心配をせずに人と関わり、心配をせずに人生の挑戦を続けることができるようになります。

また、「どのような人とつきあうか」について考えるとき、私は、2つの軸で相手を選ぶ必要があると考えています。

まずひとつ目は「善人」か「悪人」かという軸で、もうひとつは、「その人がどのような能力があるか」という軸です。

善人というのはつまり、利己的ではなく利他の人であることです。本書の第2部「スキル1」でお伝えした「困った人」に照らし合わせて、善人であることが確認できたなら、その相手とのつきあいにはGOを出します。

多様性を取り入れて、いろいろな人とつきあうことで、いろいろな能力の人とつきあうことができ、それが、そのまま人脈の分散投資になります。

悪人で能力が高い人には気をつける

注意が必要なのは、悪人なのに能力が高い人です。

相手から搾取することしか考えていないような人たちとつきあうと、ひたすら利用されてしまいます。そういう人からは気づいた段階ですぐに離れるようにしましょう。

逆に、善人であれば、どういう人でもつきあおうという発想を持って人脈を増やしていきます。そうすると、自然によい人間関係が広がっていき、無理をして悪人とつきあう必要がなくなるため、搾取される前に上手に離れられるようになります。

よい偶然を味方につける

私たちの人生は偶然の重なりの連続です。

その偶然こそが、人生を幸せに導くという経験は、多くの人が経験されたことがあるのではないでしょうか。

私たちは、偶然の内容自体を操ることはできませんが、偶然に遭遇する回数を増やすことで、人生の選択肢が増え、よい偶然によって新世界が開けていきます。

そして多くの場合、**偶然は人とのつながりによって生まれます。**

つまり、**多様で豊富な人脈の形成と人脈の分散は、「幸せな偶然」をたくさん生み出すスキル**なのです。だからこそ、私たちが幸運を掴むためにやらなければいけないことは、自分の幸運のためになりそうな偶然を生む人脈づくりを積極的に進めていくことです。

もちろん偶然の中には、幸運を呼ぶものと悲劇につながるものがありますが、偶然の数を増やしていけば、悲劇につながった偶然については素早く対処して立て直し、また新たな偶然に巡り会うことができます。

人間関係をさまざまな分野に広げて、関わる人をきちんと選び、偶然の出会いの回数を増やしていきましょう。

意図的に偶然を増やすことこそが、私たちの人生をより豊かにしていきます。

おわりに

年を取った後の幸せを決めるのは人間関係である。

冒頭で私は、人間関係を損得で考え、コスト管理をすることについてお伝えしました。「損得」や「コスト」で人間関係を考えるというのは、最初は非常にドライに聞こえた方もいるかと思いますが、ここまでお読みいただき、それが、結果的に、自分と、自分に関わるすべての人たちを幸せにする唯一の方法であることがおわかりいただけたのではないでしょうか。

人間関係において、最も重要なスキルは何かというと、「自分以外の人とどのようにうまくやっていくか」というスキルであることも理解していただけたのではないかと思います。

家庭環境で、両親など、コミュニケーションスキルが高い人に囲まれていたり、コミュニケーションスキルが高い友人がそばにいたりする場合は、見よう見まねでコミュニケーションを覚えていきます。

残念ながらそのような環境を手に入れられなかった人も少なくありませんよね。

そうすると、残念ながら学校には、そのような授業がなく、コミュニケーションについて学習する機会を得られないまま大人になります。

その場合、どうしてもコミュニケーションで遅れを取ってしまいます。そして、スタートで遅れをとっているから、他者の視点に立って物事が考えられず、結果、うまくコミュニケーションができず、コミュニケーションスキルが育たないという悪循環に陥ってしまうわけです。

そして、突然「実地で覚えろ、大事だから」と社会に放り出されるわけですからたまりません。就職活動にしろ、営業活動にしろ、事務系の仕事であっても、コミュニケーションスキルがなければ非常に困難です。

ですから、新社会人にはまず、コミュニケーションスキルの育成を自分のスキル育成の主軸に据えるのをおすすめしたいと思います。

そして、社会に出て、何年も、いえ何十年も経っていたとしても、やはり、幸せに生きていきたいのであれば何歳からでもコミュニケーションスキルを磨くことをおすすめします。

ある程度のコミュニケーションスキルがあれば、何があっても困ることは少なくなるからです。

年を取っていくごとにだんだん幸せになる人とイマイチ大変になってしまう人がいますが、私は、これには、人間関係を構築する力が大きく影響していると考えています。

どんなにお金や時間があったとしても、人間関係に恵まれていないとあまり幸福にはなれないように思います。逆にお金や時間に多少きゅうきゅうとしていたとしても、人間関係が幸せであれば人生は大体幸せなのです。

では、人生の幸福度を上げるにはどうすればよいのでしょうか。

実は、年齢と幸福度には密接な関係があります。「ハピネス・カーブ」という人生における幸福度の変化を示す研究では、「20代は幸福度が高く、中年期に向かうにつれて低下し、中年期を超えるとそれまでずっと下がってきた幸福度が上がっていく」という統計が出ています。

その中年期の人たちのなかでカーブが下がりっぱなしの人と上がる人の違いは、「他の人や環境に上手に感謝できるようになっているか」です。

結局、私たちは自分ひとりで生きているわけではありません。

自分自身を幸せにしていくために、「自分だけで幸せになる」あるいは「自分と他者との比較で幸せになる」のではなく、ほかの人と自分が共生をしながら一緒に感謝をし合って、幸せを共鳴させていくようなイメージをしましょう。

自分以外の人との協力関係やそれに対する感謝、あるいは物事や環境、ご先祖などを含めて、すべての自分以外の人に対する感謝が重要だという結論に辿り着くと、他者とのつながりが緊密になり、自分の幸福感が増していきます。

私たちが得ているすべての幸せは、自分以外の人が運んできてくれます。

本書を活用して、人間関係の量と質を高め、年々幸せが増幅する人生を歩んでいっていただけたら幸いです。

勝間 和代

◆幸せな人づきあいと人生戦略を考えるブックリスト

本書中に紹介したものや、人間関係や生き方について理解を深めるためにおすすめの書籍をあげます。ぜひ、学び続けてください。

『さあ、才能(じぶん)に目覚めよう——最新版 ストレングス・ファインダー2・0』(ジム・クリフトン/ギャラップ、古屋博子訳、日経BP 日本経済新聞出版)

『身銭を切れ——「リスクを生きる」人だけが知っている人生の本質』(ナシーム・ニコラス・タレブ、望月衛監修、千葉敏生訳、ダイヤモンド社)

『7つの習慣』(スティーブン・R・コヴィー、ショーン・コヴィー他、フランクリン・コヴィー・ジャパン訳、FCE)

『影響力の武器——人を動かす七つの原理』(ロバート・B・チャルディーニ、社会行動研究会訳、誠信書房)

『スタンフォード大学の共感の授業——人生を変える「思いやる力」の研究』(ジャミール・

ザキ、上原裕美子訳、ダイヤモンド社）
『ＥＡ　ハーバード流こころのマネジメント――予測不能の人生を思い通りに生きる方法』（スーザン・デイビッド、須川綾子訳、ダイヤモンド社）
『スタンフォード式人生を変える運動の科学』（ケリー・マクゴニガル、神崎朗子訳、大和書房）
『人が自分をだます理由――自己欺瞞の進化心理学』（ロビン・ハンソン／ケヴィン・シムラー、大槻敦子訳、原書房）
『反脆弱性――不確実な世界を生き延びる唯一の考え方』［全2巻］（ナシーム・ニコラス・タレブ、望月衛監修、千葉敏生訳、ダイヤモンド社）
『事実はなぜ人の意見を変えられないのか――説得力と影響力の科学』（ターリ・シャーロット、上原直子訳、白揚社）

（※電子書籍化されたり、新版が出ているものもあります）

著者
勝間 和代（かつま・かずよ）
経済評論家。株式会社監査と分析取締役。

1968年東京生まれ。早稲田大学ファイナンスMBA、慶應義塾大学商学部卒業。アーサー・アンダーセン、マッキンゼー・アンド・カンパニー、JPモルガンを経て独立。少子化問題、若者の雇用問題、ワーク・ライフ・バランス、ITを活用した個人の生産性向上など、幅広い分野で発言を行う。なりたい自分になるための教育プログラム「勝間塾」を主宰。知見と実体験、研究をもとにしたアドバイスが人気。『起きていることはすべて正しい』（ダイヤモンド社）、『40歳からの「仕事の壁」を越える勝間式思考』（日経BP）、『一生自由に豊かに生きる！100歳時代の勝間式人生戦略ハック100』（KADOKAWA）など、著書多数。著作累計発行部数は500万部を超える。

人づきあいはコスパで考えるとうまくいく

コミュニケーションはスキルが9割

2025年5月8日　初版第1刷発行

著者　勝間和代
編集協力　編集工房MARU
イラスト　長野美里
校正　三橋京音、株式会社RUHIA
装丁デザイン　株式会社弾デザイン事務所
DTP　株式会社アドクレール

発行人　川畑 勝
編集人　中村絵理子
編集担当　友澤和子

発行所　株式会社Gakken
〒141-8416　東京都品川区西五反田2-11-8
印刷所　中央精版印刷株式会社

《この本に関する各種お問い合わせ先》
■本の内容については、下記サイトのお問い合わせフォームよりお願いします。
https://www.corp-gakken.co.jp/contact/
■在庫については　Tel 03-6431-1201(販売部)
■不良品(落丁、乱丁)については　Tel 0570-000577
学研業務センター　〒354-0045 埼玉県入間郡三芳町上富279-1
■上記以外のお問い合わせは　Tel 0570-056-710(学研グループ総合案内)

学研グループの書籍・雑誌についての新刊情報・詳細情報は、下記をご覧ください。
学研出版サイト　https://hon.gakken.jp/